LE

...ÈS COOPÉRATIF INTERNATIONAL

DE BUDAPEST

ET

SES RÉSULTATS

Par le Docteur Hans MULLER

SECRÉTAIRE GÉNÉRAL DE L'UNION SUISSE DES SOCIÉTÉS
DE CONSOMMATION

(Traduit de l'allemand par W. UM)

PRIX: 1 FRANC

PARIS	BALE
COMITÉ CENTRAL	**SECRÉTARIAT**
DE L'UNION COOPÉRATIVE	de l'UNION SUISSE des SOCIÉTÉS
1, RUE CHRISTINE (VIᵉ)	de CONSOMMATION
	14, THIERSTEINERALLEE, 14
Téléphone : 821-74	Téléphone : 3-659

LE
CONGRÈS COOPÉRATIF INTERNATIONAL

DE BUDAPEST

ET

SES RÉSULTATS

Par le Docteur Hans MULLER

Secrétaire Général de l'Union Suisse des Sociétés
de Consommation

(Traduit de l'allemand par W. UM)

PRIX : 1 FRANC

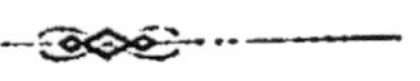

PARIS
COMITÉ CENTRAL
DE L'UNION COOPÉRATIVE
1, RUE CHRISTINE (VIᵉ)

Téléphone : 821-74

BALE
SECRÉTARIAT
de l'UNION SUISSE des SOCIÉTÉS
de CONSOMMATION
14, THIERSTEINERALLEE, 14

Téléphone : 3-659

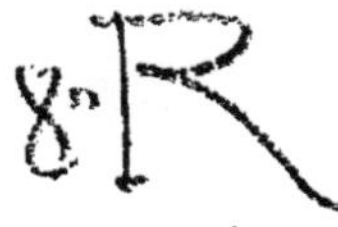

AVANT-PROPOS

La présente étude a été publiée en langue allemande. Nous avons pensé, d'accord avec son auteur M. Hans Müller, qu'il serait utile de la traduire pour les coopérateurs de langue française, non seulement de France, mais de Suisse et de Belgique.

Ce n'est pas seulement afin de leur faire connaître la coopération étrangère et de les engager à adhérer à l'Alliance coopérative internationale. S'il ne s'agissait que de cela, nous avons déjà le compte rendu de notre ami M. Chiousse, sous la forme d'un beau volume richement illustré (1), et que nous ne saurions trop recommander à tous ceux qui veulent faire, sans sortir de leur chambre, un charmant voyage à Budapest et à travers l'Europe coopérative.

Mais comme on le verra, en lisant la brochure de M. Müller, il y a ici plus que le compte rendu d'un Congrès; c'est une étude, à propos du Congrès, sur les questions les plus graves, concernant le but et les caractères de la coopération de consommation et ses rapports avec l'Etat.

On y verra que, sans s'être beaucoup connues réciproquement, l'Union Suisse et l'Union Française sont arrivées exactement à la même conception de l'Association coopérative, à savoir: « Que les coopératives de consommation doivent constituer un nouveau principe d'organisation sociale et économique, fondé sur

---

(1) *A Travers l'Europe coopérative*, un vol., grand 8°, 76 p. — Grenoble.

l'organisation rationnelle et systématique de la consom-
mation du peuple.» (p. 28).

Nous félicitons M. Müller d'avoir fait triompher
ce programme au Congrès. Et c'est avec raison
qu'il déclare que « les coopérateurs français souscri-
vent mot pour mot à notre opinion ». En effet, quoi-
qu'il ne donne, à l'appui de sa thèse, que des citations
des publications coopératives anglaises (p. 38), il
aurait pu en trouver d'aussi affirmatives dans les
publications faites par notre Union depuis vingt
ans ; par exemple, pour n'en citer qu'une seule, dans
le discours d'ouverture du Congrès des Sociétés coopé-
ratives de consommation de Paris en 1889 : « L'or-
ganisation économique sera totalement changée. Au
lieu d'être réglée comme aujourd'hui en vue du pro-
ducteur et du profit individuel, elle le sera en vue du
consommateur et des besoins sociaux ».

Ch. GIDE.

LE CONGRÈS DE BUDAPEST

I

Considérations générales sur le Congrès. — La ville de Budapest. — Les étrangers au Congrès.

Quelques mois se sont écoulés déjà depuis la clôture du Congrès coopératif international de Budapest.

Nous avons laissé passer un certain temps avant de parler de ses délibérations et de ses décisions, afin de laisser se clarifier dans l'esprit toutes les impressions ressenties dans la capitale hongroise et d'attendre les premiers effets et les conséquences de la dernière session du parlement coopératif international.

Le Congrès coopératif de Budapest supporte très bien la critique la plus tranchante. Il retiendra, à bon droit, pendant longtemps encore, l'intérêt des coopérateurs ; car ce Congrès a été le plus réussi et le plus fécond de tous ceux qui ont eu lieu jusqu'ici.

Il aura marqué un point de repère dans le développement des relations internationales des diverses fédérations coopératives nationales.

Au contraire des congrès précédents, où prédominaient les vagues et sèches discussions académiques, à Budapest, le ton des débats a pris une toute autre tournure.

Pour la première fois, on put assister à un véritable choc d'opinions se manifestant dans des résolutions prises après chaque discussion. En un mot, le dernier Congrès constitua réellement un parlement coopératif et non pas seulement une agglomération terne et passive de coopérateurs de nationalités différentes.

Certes, il ne réalisa pas l'idéal d'une réunion internationale et il donna lieu à diverses critiques ; mais, malgré ses défauts, on ne peut nier les progrès réels réalisés au Congrès de Budapest.

D'autre part, ne l'oublions pas, l'*Alliance coopérative internationale* qui l'a organisé, n'a pas encore une base suffisante pour une œuvre de grande envergure.

Tant que l'Alliance coopérative internationale restera ce qu'elle est encore actuellement, malgré ses dix ans d'existence : une fédération mal liée de coopératives hétérogènes et de comités de coopératives avec, à sa tête, un pouvoir exécutif mal placé pour agir, il sera difficile d'obtenir de meilleurs résultats qu'à Budapest.

Quand des relations régulières et durables seront établies entre les organisations coopératives de tous les pays, quand ces relations seront cultivées et fortifiées dans le Comité international, alors il sera possible de mener à bien la tâche internationale.

Jusque-là, on devra se contenter de la seule propagande des congrès internationaux et de l'échange fécond d'idées et de conceptions diverses qu'ils provoquent sur les principes coopératifs dans les divers pays. A ce point de vue, le Congrès de Budapest aura rendu des services très appréciables à la cause coopérative.

***

Lorsque Budapest fut choisi comme siège du 6e Congrès de l'Alliance coopérative internationale, nous pensâmes que le choix du lieu n'était pas heureux, car il était très éloigné du centre de gravité du mouvement coopératif.

Nos craintes grandirent quand la circulaire d'invitation fut lancée par le Comité exécutif de Londres. Sur cette circulaire figurait un Comité de patronage qui, outre les noms de coopérateurs éminents de tous pays, comprenait encore une longue série de princes hongrois, de comtes, de membres de la Chambre des magnats, de conseillers privés, de hauts fonctionnaires d'Etat. Et malgré soi, on avait l'impression, à la lecture de ce document, qu'en Hongrie le mouvement coopératif n'est pas l'apanage du peuple, mais bien celui de la haute aristocratie féodale.

Et nous nous demandions, non sans quelque anxiété, comment nous nous entendrions avec ces personnages, nous, les coopérateurs démocrates qui, en travaillant au mouvement coopératif, nous proposons de jeter les fondements de la liberté et de la souveraineté économique du peuple.

En tout cas, nous pensions nous heurter à Budapest à des vues arriérées au point de vue coopératif.

A notre grand étonnement, et à notre agréable surprise, le voyage n'avait pas effrayé les coopérateurs de l'Europe occidentale.

L'Allemagne était représentée par 14 délégués représentant presque tous les groupes coopératifs de ce pays. — Il y avait non seulement des délégués de l'ancienne Union Schulze-Delitzsch, de la Nouvelle Union centrale des Sociétés de consommation et de la Société d'achats en gros, mais encore ceux de la grande Fédération impériale des coopératives agricoles allemandes et de l'organisation des caisses Raiffeisen.

Les délégués anglais formaient le groupe étranger le plus nombreux avec un contingent inespéré de 36 personnes.

L'Italie, le Danemark, la Belgique, la Hollande et la Suisse avaient envoyé 2 à 3 délégués; la France était représentée par 4 à 5 personnes, mais MM. de Boyve et Ch. Gide n'en faisaient pas partie.

Le gros des congressistes était naturellement formé de Hongrois; puis, on remarquait un assez grand nombre d'Autrichiens, de Serbes, de Roumains et de Bulgares représentant des Unions coopératives ou des Sociétés isolées. Il y avait même des délégués officiels de ces différents Etats.

La Russie n'était représentée que par un seul délégué, le conseiller d'Etat Isakoff, venu comme président du Comité central des Sociétés russes de consommation.

L'Espagne, la Finlande, la Grèce et les pays extra-européens n'avaient pas de représentants.

En tout, il y avait bien 250 délégués venus de 14 nations. C'était une représentation nombreuse, non encore atteinte dans aucun des précédents congrès : Londres, Paris, Delft, Manchester.

D'où il résultait clairement que le choix de Budapest avait été non pas une erreur, mais une heureuse décision nous permettant d'entrer, pour la première fois, en relations avec les coopérateurs de différents pays.

II

Premières impressions. — La Presse de Budapest et le Congrès. — Discours d'ouverture du comte Karolyi. — Conception de la Coopération en Hongrie et participation de la haute noblesse.

L'après-midi du 3 septembre, les délégués suisses, M. le professeur Dr Schær, M. Ammann, gérant de la coopérative l'*Union de Mühleholz*, et le signataire de ces lignes, nous nous apprétions à Vienne, à parcourir la dernière étape de notre long voyage de Bâle à Budapest.

Nous songions aux futures délibérations du Congrès et aux impressions que nous ferait éprouver le système coopératif hongrois, lorsque nous rencontrâmes, à la gare orientale de Vienne, un de mes camarades, un Autrichien, qui allait justement partir pour Budapest.

Au cours de la conversation, il nous dit que la culture hongroise n'était qu'un *vernis asiatique*. Ce mot nous rendit songeurs et nous obséda pendant tout notre séjour à Budapest. Néanmoins, malgré tous nos efforts, nous ne pûmes découvrir le vernis asiatique dont on nous avait parlé.

A vrai dire, la langue hongroise sonnait à nos oreilles comme quelque chose de) tout à fait étranger, très différent de toute langue germanique ; mais pourtant, tout ce que nous vîmes du peuple hongrois, de sa culture, de ses représentants, nous donna l'impression d'une civilisation très voisine de la civilisation européenne. Et même, au cours de nos pérégrinations à travers la grande ville de Budapest, les gens répondirent plus aimablement et plus poliment à nos demandes de renseignements que dans beaucoup de pays de culture occidentale très raffinée.

Dès notre arrivée à Budapest, nous voulûmes nous renseigner sur les questions concernant la Coopération. A cet effet, nous feuilletâmes les journaux. Notre attente ne fut pas déçue. Mais nous n'y fîmes pas des constatations précisément agréables, bien qu'elles fussent très caractéristiques et instructives.

Au nom de la tradition et des lois sacrées de l'hospitalité, le *Journal du Soir*, de Budapest (*Abendblatt*) saluait bien la venue de nombreux délégués étrangers « assurément respectables et honorables en tant qu'individus », mais il avouait qu'il n'envoyait pas ses saluts *con amore;* car il n'était pas favorable au mouvement coopératif, lequel est « une preuve de la faiblesse de l'individu isolé et de la collectivité ». — Le *Journal du Soir* ajoutait : « Le mouvement coopératif moderne est une plante germanique qui n'a prospéré que parce qu'il n'y avait pas d'Etat, mais 36 patries qui, isolées ou réunies étaient impuissantes, et parce que la situation était telle que l'individu isolé, n'étant pas en état de devenir plus fort par lui seul, devait chercher son salut dans l'Association ». Et il disait plus loin : « les raisons en sont identiques chez nous ; mais les résultats sont autres qu'en Allemagne. Dans notre pays, les coopératives n'ont eu de succès que là où l'activité privée ne s'est pas manifestée ».

L'auteur de cet article, après avoir reconnu bénévolement le droit à l'existence des coopératives de crédit dans les petites localités, déclarait ensuite que toutes les autres œuvres coopératives hongroises, surtout les coopératives de consommation, végètent misérablement. « Il n'est pas précisément facile de faire le commerçant dans ses moments de loisir et cela est diablement difficile quand on se laisse guider par des motifs étrangers au commerce, comme cela arrive chez nous, la plupart du temps. — La fondation d'une coopérative a lieu chez nous presque toujours, à la suite de la querelle d'un client avec un épicier dont le premier a juré la ruine. D'abord, ce furent des cas isolés ; mais sous le régime de Daranyi (ministre de l'agriculture du dernier cabinet), cela fut érigé en système et la lutte commença sur toute la ligne.... Aujourd'hui, la situation est telle que la classe des commerçants est ruinée jusque dans ses racines, et pourtant les coopératives ne prospèrent pas. — Le plus étonnant de tout, c'est que le paysan, qui ne connait pas suffisamment sa propre profession, veut s'occuper d'une branche encore plus difficile, de telle sorte qu'il n'est en définitive ni agriculteur, ni commerçant ».

A la fin de cet article, qui donne un aperçu caractéristique de l'opinion de la presse de Budapest, son auteur émettait l'espoir que les coopérateurs, en présence des résultats peu satisfaisants obtenus jusqu'ici, prendraient la sage résolution de rétrécir leur champ d'action et reconnaîtraient dans la suite que, non seulement l'association coopérative est la plus faible de toutes les formes d'association, mais encore qu'elle est incapable de constituer la base économique de l'Etat.

Le *Neue politische Volksblatt* du 4 septembre était encore plus passionné et plus hostile. — Le programme du Congrès comportant : la propagation de la coopération distributive dans l'Europe orientale et les subventions de l'Etat aux coopératives, fournissait la preuve à ce journal que les délégués n'avaient pas de plan d'action arrêté et en outre que les propagandistes de la coopération voyaient en leur système, non seulement une méthode économique, mais encore un excellent moyen d'agitation politique. « Les apôtres de la Coopération, tout au moins nos compatriotes, s'enthousiasment pour les coopératives, comme pour les écoles populaires. On peut dire beaucoup de bien des écoles, mais pas des coopératives. Quand il existe quelque part une coopérative, aucun but n'est atteint en matière économique ».

Après cette critique d'ordre général, le journal en question critiquait âprement les coopératives de consommation des villages hongrois : « espérons que les coopérateurs étrangers diront à leurs collègues hongrois qu'il est ridicule de vouloir ouvrir un magasin dans les petits villages ».

Et il terminait en invitant les délégués étrangers à ne pas trop se moquer de ceux qui voient dans les « boutiques coopératives agricoles » — (dont un spécimen figurait à l'Exposition coopérative) — un moyen d'améliorer la condition économique du peuple. Ces coopératives sont dirigées contre les épiciers. En quelques années, on a fait cadeau au pays de quelques centaines de ces boutiques ; un nombre tout aussi grand de celles-ci a fait faillite, de sorte que certains Hongrois dont on voulait faire le bonheur, subissent encore actuellement les conséquences ruineuses de cette gloire coopérative éphémère. Cela provient de ce que ces coopératives devaient, en réalité, constituer des moyens de propagande politique. Ces boutiques ne débitaient pas seulement de la graisse à charrettes et du sucre, mais elles constituaient en réalité des centres de propagande politique, où l'on achetait des électeurs à bon compte.

Le plus considérable des organes allemands de Budapest, le *Pester Lloyd*, saluait le Congrès coopératif international en des termes plus polis et plus mesurés que les journaux précités ; mais on lisait facilement entre les lignes que sa rédaction n'était pas sympathique non plus aux coopératives — surtout à celles de consommation.

Tous les autres journaux de Budapest rédigés en allemand, exprimaient leur mauvaise humeur contre le Congrès coopératif et prétendaient que, derrière la coopération, se cachaient des tendances politiques antilibérales.

Aucun journal de Budapest rédigé en hongrois, n'était expressément favorable à la coopération.

La critique du mouvement coopératif par la presse, nous révélait l'ignorance complète de celle-ci sur la nature et le but de la coopération.

Nous estimions d'autre part que, pour donner lieu à des attaques aussi passionnées, le mouvement coopératif hongrois devait avoir acquis une importance considérable et se trouver dans la bonne voie; car le degré d'antipathie inspiré à nos adversaires par notre mouvement est, en général, le meilleur *criterium* de ses succès et de sa valeur morale.

Ce diagnostic était tout à fait exact.

*
* *

Lorsque, le 5 septembre au matin, nous allâmes assister à la séance préparatoire du Comité central, nous connûmes — pour la première fois — les motifs de l'hostilité contre la coopération.

Avec nous, sur la plate-forme du tramway, se trouvait un marchand juif, véritable type de cette classe sociale qui, reconnaissant en nous des étrangers, éprouva le besoin irrésistible de nous *interviewer*.

Quand il sut que nous étions des délégués au Congrès coopératif, le bonhomme fut très surexcité et il essaya de nous détourner de nos idées erronées. — Il était, disait-il, depuis longtemps éminemment progressiste et partisan des idées nouvelles; mais, selon lui, les coopératives coustituaient de mauvaises institutions et causaient à nouveau la ruine de la Hongrie. — Sa modestie ne lui permettait pas de parler de la valeur et de l'utilité des coopératives dans les divers pays européens; mais il pouvait affirmer avec certitude, qu'elles ne valaient rien pour la population hongroise.—En Hongrie, affirmait-il, le commerce est entre des mains sûres et éprouvées, et les coopératives ne pourraient absolument pas l'établir sur des bases plus rationnelles. — Du reste, les coopératives n'avaient pas été fondées par des braves gens et, à notre arrivée au siège du Congrès, le naïf fils d'Israël nous donna une nouvelle preuve de son bon vouloir, en nous recommandant de nous méfier d'elles.

Le lendemain. au cours du discours officiel du comte Karolyi, nous eûmes des aperçus tout autres sur la situation et les conditions spéciales de la coopération en Hongrie.

Ce discours étant très apte à documenter admirablement les délégués étrangers sur le mouvement coopératif hongrois, ainsi que sur les vues et les intentions de ses chefs, nous en reproduisons ici les passages les plus importants. Etant donnée la haute personnalité de l'orateur, qui est un des plus admirables pionniers de la Coopération en Hongrie, nous pouvons nous rendre compte des opinions et de la mentalité de la haute noblesse hongroise en ce qui concerne le mouvement coopératif.

« Il ne faut pas, dit le comte Karolyi, se faire d'illusions et, pour prévenir tout malentendu, il faut proclamer bien haut que le pivot de notre activité coopérative est la lutte contre l'*usure sous toutes ses formes*, qui est la cause de tant de maux.—Lorsqu'on se sera rendu compte de la vertu des coopératives dans ce domaine, on souhaitera de les voir triompher partout.

« Dans l'Europe orientale, en matière de coopération, il faut tenir compte de deux facteurs :

« Le premier facteur facilite son développement; c'est la tendance de ses populations à se réunir. Le sentiment constant et vivace de la *Solidarité* (qui caractérise les nations orientales), constitue le terrain propice sur lequel les liens fraternels de la Solidarité se resserrent. En Orient, ces liens n'ont pas été branlés par l'*Individualisme*, au même degré qu'en Occident. — Ce penchant à l'union chez les Orientaux, facilitera énormément la diffusion des principes coopératifs, pourvu, toutefois, qu'on sache l'utiliser dans ce sens.

« Le second facteur est désavantageux pour le mouvement coopératif. Il consiste dans le manque d'énergie qu'on constate si fréquemment parmi les populations rurales de l'Orient, en ce qui touche l'économie politique. — Plus on va vers l'Orient, plus on note ce manque d'initiative dans la conduite des affaires publiques. — On rencontre très souvent une grande initiative en ce domaine dans toutes les classes de la société occidentale. En Orient, au contraire, l'initiative n'émane jamais des basses couches sociales; car l'art de se gouverner soi-même fait défaut. A un certain degré, la Hongrie fait seule exception sous ce rapport.

« L'absence de classe intermédiaire dans l'Europe orientale et l'écart social considérable entre les gouvernants et les gouvernés, constituent le plus grand contraste entre l'Orient et l'Occident de l'Europe.

« L'insuffisance de contact et de confiance réciproque entre gouvernants et gouvernés rendent difficile l'extension du mouvement coopératif. — Mais si, malgré ces difficultés spéciales, on réussit à acclimater les coopératives en Orient, *grâce à elles, on amènera lentement mais sûrement une amélioration économique et sociale.*

« Les Sociétés coopératives créeront la *classe intermédiaire* (petite bourgeoisie) qui nous manque ; car la coopération produit naturellement la sélection. Les personnes les plus aptes et les plus capables de la commune dirigeront les coopératives et, par là, le peuple préparera une élite destinée à diriger la démocratie rurale.

« Le mouvement coopératif fera de rapides progrès dès qu'on aura compris que : *c'est le seul moyen de sauvegarder les intérêts de la grande masse du peuple* et de le défendre contre tous les abus, en particulier contre la tendance de notre vie sociale qui consiste à mettre à la place du droit du plus fort, celui du plus rusé.

« Le but des *Equitables pionniers de Rochdale* était la régénération de la Société et son épuration par le moyen du travail honnête, constant et désintéressé, des faibles. — Le succès des coopératives constituera, dans une certaine mesure, un trait d'union entre l'Europe occidentale et les contrées les plus reculées de l'Europe orientale.

« En Hongrie, dans la plupart des communes, il y a assez de personnes capables de diriger une coopérative. Il faudrait pourtant faire un nouveau pas en avant en acclimatant l'idée coopérative même dans les contrées où, aujourd'hui encore, il n'y a pas de personnes aptes à diriger de telles associations.

« C'est surtout dans ces contrées-là que les effets économiques et moraux des coopératives seraient importants, bien plus encore que dans ies autres ».

Là-dessus, le comte Karolyi expliqua en détail comment, selon lui, les fédérations coopératives devraient faire de la propagande et pourraient travailler à la création de coopératives dans les contrées où la population ne peut agir par elle même.

Pour lutter contre l'usure, spécialement florissante dans ces contrées, il fallait fonder tout d'abord des coopératives de *crédit*, afin de convertir les dettes d'usure. — En même temps, il fallait créer des coopératives de *consommation*, parce que la boutique de l'épicier est très souvent le lieu d'origine de l'usure. — Plus tard on pourrait, sur un terrain ainsi préparé, introduire les coopératives de *production* et de *vente*.

Après la réalisation de ces buts économiques par les coopératives, il ne faut pas perdre de vue les buts encore plus élevés : (*moraux et humanitaires*) qu'elles poursuivent et qui nous rapprochent de la Société idéale.

En résumé, l'Association est un des moyens les plus efficaces pour hâter le progrès de l'Humanité. — Elle renforce la démocratie en rendant les citoyens plus indépendants.

Ensuite l'orateur discuta l'attitude de l'Etat vis-à-vis du mouvement coopératif.

L'intervention de l'Etat, dit-il, devrait être limitée : « Ce n'est pas de fonctionnaires dont nous avons besoin, mais d'apôtres de notre cause. Jusqu'à présent, l'expérience nous l'a prouvé, il n'y a jamais eu d'apôtres au service de l'Etat. »

Toutefois, dans certains pays et dans certaines classes sociales, l'Etat seul est en mesure d'acclimater cette idée — c'est le cas notamment dans les pays où l'initiative privée n'existe pas. — Cependant, avec le temps, le secours de l'Etat doit être superflu et céder le pas au principe de *l'effort personnel* (prévoyance). En d'autres termes, on doit éduquer les gens de telle façon qu'ils apprennent à se passer de la tutelle des fonctionnaires.

Le meilleur système de subvention de la part de l'Etat est de soutenir les fédérations coopératives qui pourront de leur côté ainsi secourir les coopératives isolées.

« *La démocratie puisera certainement une grande force dans le mouvement coopératif. C'est ce qu'on peut observer notamment dans les pays où le mouvement coopératif s'est récemment développé.* »

A la fin de son discours, le comte Karolyi fit les constatations suivantes : « *La garantie de la paix sociale réside dans l'équilibre des forces des différents groupes sociaux. Là où ces forces ne se font pas équilibre, la paix sociale disparaît et le droit du plus fort prédomine. Mais il y a dans le cœur de l'homme un sentiment encore plus fort que la force du vainqueur, c'est le sentiment de la justice. Ce sentiment peut être foulé aux pieds des milliers de fois,* être comprimé par la violence, il persiste néanmoins dans l'âme des meilleurs citoyens, d'où il se fera jour pour réaliser l'idéal de justice et de paix sociale. C'est pourquoi les associations coopératives doivent songer sans cesse à fortifier parmi leurs membres ce sentiment de justice ».

Tel fut en résumé le discours du comte Karolyi.

Nous avons jugé bon d'en parler en détail, non pas seulement à cause des aperçus profonds qu'on y trouve, mais parce qu'il nous explique pourquoi les membres de la haute aristocratie sont, en Hongrie, à la tête du mouvement coopératif, ce qui constitue pour ce mouvement une condition vitale.

En outre, nul ne pourra le nier, le discours du comte Karolyi repose sur une conception grandiose du mouvement coopératif. Et cette conception s'élève bien au-dessus de celle qu'on rencontre trop souvent chez de nombreux coopérateurs.

D'après le comte Karolyi, la mission des associations coopératives est de fortifier la base économique de la Hongrie, d'amener l'émancipation des masses populaires, d'élever le niveau de culture du peuple en mettant un frein à son exploitation usuraire et en améliorant sa situation matérielle.

Mais, à côté de cela, les coopératives produisent un résultat non moins important et bienfaisant, en permettant aux plus intelligents et aux plus capables d'entre le peuple d'atteindre un niveau plus élevé dans l'échelle sociale et en créant par là, une *classe intermédiaire* petite bourgeoisie) qui manque en Hongrie et qui répandra l'art du *self-government démocratique* dans des couches sociales toujours plus profondes.

Selon cette conception, le développement systématique du mouvement coopératif constitue un problème national, spécialement en Hongrie, problème dont la solution seule permettra au peuple hongrois de se donner une éducation démocratique semblable à celle des Etats de l'Europe occidentale.

Ainsi la position du comte Karolyi est plutôt celle de l'homme d'Etat, de l'homme politique démocrate, que celle de l'économiste et du réformateur social. — Il a à cœur de voir le peuple hongrois prendre place parmi les nations les plus civilisées de l'Europe occidentale.

A la lecture du discours du comte Karolyi, il est aussi facile de se rendre compte des aspirations irrésistibles du peuple magyar, touchant son indépendance nationale et ses désirs de rénovation sociale.

A vrai dire, ce point de vue ne concorde pas absolument avec le nôtre. Ce serait du reste impossible, puisque nos deux points de vue émanent de facteurs nationaux différents. — Mais, ils ne sont pas opposés; au contraire, ils se complètent.

Le mouvement coopératif de tous les pays poursuit un but commun: établir l'ordre économique, social et politique sur des bases nouvelles et essentiellement démocratiques. — La diversité de nos deux points de vue (suisse et hongrois) consiste principalement en ceci : le plan de réformes coopératives du comte Karolyi repose sur la structure économique et politique plus simple d'un Etat de l'Europe orientale, encore essentiellement agricole, tandis que le nôtre repose sur les rapports économiques infiniment plus compliqués d'un Etat industriel moderne.

La statistique suivante montrera clairement les différences profondes qui existent dans la structure économique de la Hongrie, de la Suisse et de l'Angleterre. — Sur 100 personnes capables de produire, voici la répartition de leurs occupations dans ces trois pays :

	AGRICULTURE	INDUSTRIE	COMMERCE
Hongrie.......	64	22	6
Suisse.........	37	41	11
Angleterre....	10	57	11

D'où il ressort que, dans l'Europe occidentale, les ouvriers et les classes moyennes non intéressées au maintien des *intermédiaires* ont pris l'initiative du mouvement coopératif; tandis que, dans les pays agricoles de l'Europe orientale, l'initiative émane des classes que le comte Karolyi appelle *dirigeantes*, c'est-à-dire de l'aristocratie non intéressée au commerce capitaliste. Dans ces pays, en effet, l'industrie est encore trop faible et trop jeune pour qu'il existe une véritable classe d'ouvriers d'industrie capable de travailler elle-même au développement du mouvement coopératif. — Quant à la population mâle, elle est trop routinière pour cela et a trop l'habitude d'être *menée*.

Par contre, c'est la *classe moyenne des commerçants* qui, tout naturellement, en Hongrie comme ailleurs, est l'ennemie la plus acharnée des coopératives, conformément aux preuves fournies plus haut par les journaux.

Ainsi, la vieille aristocratie est seule capable, en Hongrie, de se mettre à la tête du mouvement coopératif. Quoi qu'il en soit, la coopération en général ne doit pas manquer de lui en être reconnaissante, puisqu'elle met ses ressources intellectuelles et matérielles au service de la cause coopérative.

En étudiant les organisations fédérales coopératives de Hongrie, nous verrons que les magnats hongrois ne prodiguent pas seulement de belles paroles pour la cause coopérative ; mais qu'ils travaillent à son succès avec une vigueur et un esprit pratique remarquables.

III

Composition et physionomie du Congrès. — Commencement des délibérations. — Rapport sur la situation de l'Alliance coopérative internationale. — Son budget et ses tâches futures.

La *Société hongroise d'Agriculture* avait mis à la disposition du Congrès sa maison, le *Koztelek*, qui se prête admirablement à cet objet. Outre une salle de séances simple mais de bon goût, pouvant facilement contenir les 250 délégués, le bâtiment comprenait plusieurs locaux plus petits servant de vestiaires ou de lieux de rendez-vous pour les entretiens privés des délégués.

Sur l'estrade présidentielle, avait pris place le bureau du Congrès, composé du comte Karolyi, président, du comte Mailath, vice-président et du docteur Bernat, secrétaire; puis le président de l'Alliance coopérative internationale, M. H.-W. Wolff, de Londres, qui prêta son assistance au bureau d'une façon si souvent par trop zélée, qu'on eût pu croire que M. Wolff avait été élu président du Congrès plutôt que le comte Karolyi.

A côté de ces messieurs étaient assis les invités d'honneur du Congrès, parmi lesquels : le comte Stefan Tisza (alors président du Conseil des ministres); le Ministre de la Justice, D⁏ Plosz et le secrétaire d'Etat — de Makfalvay, représentant le Ministre de l'Agriculture. — Il y avait encore : le comte Pejacsevich, nouveau Ban de Croatie; le conseiller Aulique Halmos, bourgmestre de Budapest et l'ancien ministre de l'Agriculture, D⁏ Daranyi, qui ne se borne pas seulement à montrer une grande sympathie pour le mouvement coopératif, mais qui fait tous ses efforts pour en faciliter le développement.

Les délégués remplissaient la salle dans la proportion de 2/3 de Hongrois pour 1/3 d'étrangers environ.

Malgré la participation de tant de hauts fonctionnaires de l'Etat, on ne voyait aucun uniforme et aucune trace d'ordres ; l'aspect extérieur de l'assemblée était tout à fait bourgeois, bien que l'on remarquât les belles statures et les physionomies caractéristiques et expressives des représentants de la haute noblesse hongroise.

Cependant les magnats ne formaient pas la majorité des délégués hongrois, mais bien des prêtres. La plupart étaient de vaillants curés de campagne, venus au congrès pour représenter des coopératives dont plusieurs étaient président. Visiblement, plus d'un, dans sa cure, devait avoir à lutter avec les difficultés matérielles de l'existence. Ces ecclésiastiques constituaient le contingent principal et le plus assidu du congrès. Ils suivaient les délibérations, conduites le plus souvent en allemand, avec un intérêt visible, bien qu'ils n'y prissent point part directement. Ils étaient venus pour écouter et pour apprendre.

Nous n'aperçûmes aucun délégué ouvrier ou paysan du peuple hongrois; sans doute parce que, ignorant les langues en usage au Congrès (allemand, anglais, français), ils n'auraient pas pu suivre les délibérations. — A la vérité, nous eûmes plus tard le plaisir de voir des coopérateurs hongrois, représentants authentiques du peuple, portant admirablement le costume national. Nous fîmes leur connaissance à l'Assemblée des délégués de la Fédération des coopératives de consommation *Hangya* qui eut lieu le 9 septembre, le lendemain de la clôture du Congrès international.

Nous vîmes alors que le mouvement coopératif hongrois, malgré sa direction aristocratique, ne manque pas d'éléments démocratiques et est en voie de devenir un mouvement réellement populaire.

La plupart des délégués étrangers au Congrès étaient naturellement des spécialistes, s'occupant uniquement d'administration ou de propagande coopérative, ou des représentants de fédérations coopératives ou, tout au moins, des personnes y prenant une part active.

Dans la délégation française seulement, un délégué de la *Bourse des coopératives socialistes* appartenait réellement à la classe ouvrière.

Dans quelques journaux, voire même coopératifs, on a parlé ironiquement, à propos du Congrès, de *Société mélangée*. Nous croyons que cette plaisanterie est sans fondement.

Logiquement, le mouvement coopératif n'est pas une affaire de classes. Il ne doit pas l'être. Au contraire, son but est de rapprocher les hommes dans une commune solidarité humaine, en dehors de tout esprit de castes. Voilà pourquoi il faut se réjouir (et saluer comme un succès) de ce qu'un Congrès coopératif se compose de gens de différentes classes sociales et leur donne l'occasion de nouer des relations cordiales.

Il importe avant tout dans un Congrès coopératif international, d'arriver à obtenir une entente générale sur certains points, un enseignement mutuel, un accord sur des principes communs et des mesures pratiques. Si le Congrès aboutit à cela, la société qui le compose peut être aussi *mélangée* que possible, il aura un grand succès; si, au contraire, le Congrès ne parvient pas à produire ces résultats, il pourra être composé de personnes du *même monde*, et pourtant il ne vaudra pas seulement l'argent qu'il aura coûté.

****

Le premier sujet du Congrès devait être le rapport que le Comité exécutif de Londres (de l'Alliance coopérative internationale) aurait dû présenter sur sa gestion, ainsi que la reddition des comptes de l'exercice écoulé.

Le Comité exécutif n'en fit rien. Il se borna à distribuer les deux documents au début de la première séance, ce qui ne permit pas à un simple délégué de les discuter. Seuls les membres du Comité central prirent connaissance des rapports et des comptes, la veille, en séance de comité.

Cette façon d'expédier les affaires de l'Alliance coopérative internationale n'est ni démocratique ni avantageuse. Le Congrès devrait pouvoir exprimer son avis sur la gestion des organes nommés par lui et les soumettre à un véritable contrôle. Le temps employé à cela serait au moins aussi profitable que celui passé à la discussion de questions coopératives d'un intérêt général.

Réglementairement, c'est bien le Comité central, composé de 33 représentants de différents pays, qui doit approuver les comptes de l'Alliance coopérative, mais, dans l'intérêt même de cette dernière, il serait bon qu'un cercle plus vaste de coopérateurs pût se rendre compte en détail de l'activité de ses organes et de sa situation financière.

Voilà pourquoi nous nous permettons de donner ici quelques renseignements sur la situation intérieure de l'Alliance coopérative internationale.

Elle se compose principalement d'Associations et de Fédérations coopératives. Elle admet aussi des associés à titre de membres individuels, mais seulement dans des pays non encore suffisamment coopérateurs. A l'heure actuelle, il n'y a plus de tels membres qu'en Grèce, en Russie, aux Etats-Unis et en Australie.

Les coopératives des différents pays participent encore très inégalement à l'Alliance coopérative internationale.

En tête, se trouve l'Angleterre, comme en tout ce qui concerne le mouvement coopératif. Outre les Fédérations de ce pays (Union coopérative, Sociétés anglaise et écossaise d'achats en gros et Fédération des coopératives de production) environ 300 Sociétés locales de production et de consommation sont ralliées à l'Alliance.

En conséquence, jusqu'à aujourd'hui, les coopératives anglaises supportent la plus grande partie des frais de l'Alliance, qui a reçu d'elles, de 1902 à 1904, 466 liv. (11,650 fr.) sur un total de 710 liv. (17,750 fr.).

Après l'Angleterre, l'Allemagne est le pays qui participe le plus aux frais de l'alliance. Parmi ses 46 membres se trouvaient jusqu'ici : l'Union générale Schulze-Delitzsch et la nouvelle fédération centrale des sociétés allemandes de consommation, et 13 sous-unions provinciales des précédentes organisations ; le reste se composait de sociétés de consommation et de crédit.

L'Alliance a encaissé, de 1902 à 1904, environ 63 liv. (1.575 fr.) de l'Allemagne ; tandis que la France, avec un nombre égal de membres, n'a fourni que près de 45 liv. dans le même laps de temps, c'est-à-dire guère plus que la Hollande, avec 44 liv. pour 36 associations.

Immédiatement après la Hollande vient la Suisse qui, par l'entremise de l'Union, versa 39 liv. de 1902 à 1904. Il n'y a malheureusement pas d'autre membre de l'Alliance en Suisse, que l'Union. Nous nous permettons donc d'exprimer ici le vœu que nos plus puissantes coopératives adhèrent à l'Alliance coopérative internationale, indépendamment de l'Union. Du reste, même les petites coopératives pourraient verser facilement les cotisations dont le montant minimum a été fixé à 12 fr. 50 par an.

Après la Suisse, viennent la Belgique avec 12 membres et 11 liv.; l'Autriche avec 5 sociétés et 10 liv.; la Hongrie avec 15 organisations et 8 liv.; le Danemark avec 6 unions et 6,5 liv.; la Russie avec 6 coopératives et 6,5 liv.

Les autres pays ne fournissent que des cotisations infimes.

Le dernier compte rendu annuel de l'Alliance internationale, allant du 1ᵉʳ juillet 1903 au 30 juin 1904, donne, en chiffres ronds, les dépenses suivantes : location de bureau, 750 francs; honoraires et frais de bureau, 2,500 francs; imprimés, 700 francs; poste et télégrammes, 570 francs ; nettoyage, éclairage et chauffage de bureau, 210 francs; traductions, 130 francs ; frais de voyage, transports, 75 francs; en tout, pas même 5,000 francs.

Evidemment, avec un budget aussi minime, l'Alliance coopérative internationale ne peut pas faire de grandes choses.

Aussi, jusqu'à présent, son activité s'est bornée principalement à organiser les Congrès, à l'issue desquels elle publie chaque fois des rapports sur l'état du mouvement coopératif dans les divers pays.

Ce travail est méritoire. Il contribue à mettre au jour des renseignements qui, sans cela, resteraient inconnus et dont, par conséquent, on ne tiendrait aucun compte, il permet ainsi aux coopérateurs de se procurer des renseignements utiles et intéressants.

Cependant, la valeur de ce travail serait infiniment supérieure si, dans les différents pays les rapporteurs rédigeaient leurs rapports selon un schéma uniforme et si, par suite de cette uniformité, le lecteur pouvait faire des comparaisons entre son pays et les pays étrangers.

Dans ce domaine, comme dans d'autres, une direction habile et méthodique dans l'emploi des collaborateurs volontaires de l'alliance pourrait produire des résultats très considérables.

Par exemple, il serait précieux à tous égards d'établir une statistique coopérative internationale. Cela ressort bien du domaine de l'Alliance internationale. Il y a déjà plusieurs années, une semblable statistique fut dressée avec l'appui du comte de Chambrun, fondateur du *Musée social.* Elle fut publiée dans un volume grand format. Malheureusement, la disposition des matières en fut mal comprise et l'on dut déplorer que tant d'argent, peu pratiquement utilisé, fût en quelque sorte jeté par la fenêtre.

Il importe qu'un organe polyglotte, servant de trait-d'union entre les membres de l'alliance et de tribune pour les affaires internationales, soit créé. Il permettra à l'Alliance de se développer ultérieurement et de réaliser les fins auxquelles elle est destinée.

L'Alliance coopérative pourrait aussi rendre de grands services à ses membres en fonctionnant comme bureau de classement et d'échange des publications coopératives.

En un mot, elle ne manque pas de tâches utiles à remplir.

Sans doute, pour cela, elle aurait besoin de ressources bien plus considérables que celles dont elle dispose actuellement. C'est pourquoi il est indispensable d'améliorer ses finances, surtout puisque, selon M. H.-W. Wolff, la seule publication en trois langues de l'annuaire et du protocole du dernier Congrès a sensiblement déséquilibré les finances de l'Alliance.

Pour remédier à cet état de choses, les membres suisses du Comité central ont proposé, dans la séance préparatoire du Congrès, de fixer la contribution des organisations adhérentes à l'Alliance, d'après le nombre de leurs membres et de fixer l'application de ce principe de façon que les charges soient égales pour les différentes Sociétés et Fédérations coopératives. — Après une longue discussion, la proposition fut approuvée et le Comité exécutif, chargé d'étudier la question, doit présenter un rapport au Comité central.

Réussira-ton à procurer à l'Alliance une base financière solide et suffisante, lui permettant de se transformer en un *Bureau international permanent*, capable de travailler vigoureusement au développement du mouvement coopératif? — Comment y parviendra-t-on ?

Le prochain Congrès statuera définitivement sur cette importante question et, décidera éventuellement, si à des cotisations plus élevées à l'Alliance, correspondront des services plus nombreux de sa part.

A notre avis: le *Comité exécutif*, au lieu d'être composé de représentants d'une seule nation, devrait comprendre des délégués de différents pays. De même, le *Comité central* ne devrait pas être simplement décoratif et foncti nner seulement avant le Congrès. Il devrait se réunir une ou deux fois par an et servir par là de trait-d'union entre les organisations coopératives nationales de l'Alliance. Ce serait facile, car les coopérateurs de marque se rencontrent assez régulièrement dans les congrès nationaux et annuels de chaque pays. De semblables réunions pourraient donc se tenir, avec le concours de l'Alliance, sans difficultés et sans grands frais.

Si l'Alliance coopérative internationale se transformait dans ce sens, elle rendrait des services infiniment supérieurs à ceux qu'elle rend sous sa forme actuelle, qui est décidément insuffisante. Les fédérations nationales seraient tout à fait disposées, nous en sommes persuadés, à mettre à sa disposition les ressources nécessaires à l'accomplissement de ces différentes tâches.

IV

Les débats sur les Sociétés de consommation. — Le point de vue du rapporteur. — La discussion et ses résultats. — Répercussion sur le développement de l'A. C. I. — Capitalisme et coopératisme.

Le premier sujet à l'ordre du jour du Congrès était : *Développement et organisation des sociétés de consommation dans les contrées rurales et semi-rurales.*

Le comité exécutif de Londres avait choisi ce sujet à cause de son intérêt particulier pour les coopérateurs de Hongrie et d'autres pays orientaux.

Etant donné le caractère essentiellement agricole de ces pays, il fallait d'une part démontrer que, d'après les expériences de l'Europe occidentale, il était possible de créer et de faire prospérer des coopératives de consommation dans des contrées agricoles; d'autre part, établir clairement les conditions générales indispensables pour la prospérité des coopératives de consommation dans des contrées essentiellement agricoles.

Le signataire de ces lignes avait été chargé par le Comité exécutif de présenter le rapport sur ce sujet.

L'Alliance coopérative internationale ayant l'habitude de faire imprimer à l'avance ses rapports aux Congrès, je dus écrire le mien deux à trois mois avant le Congrès. Sa lecture devait durer environ trois quarts d'heure. Il comprenait tout d'abord la description, dans ses traits généraux, du développement des Coopératives de consommation dans les contrées agricoles de la Suisse et du Danemark; puis la discussion des conditions économiques, sociales et intellectuelles qui expliquaient les succès remportés en Danemark et en Suisse.

Dans mon rapport, j'évitais intentionnellement de toucher les points susceptibles de soulever des discussions étrangères au sujet. Cependant, spécialement à l'adresse des magnats hongrois coopérateurs, je crus bon de proclamer bien haut ma *conception démocratique* du mouvement coopératif et d'exprimer sans arrière-pensée (bien que brièvement) mon point de vue général.

Voilà pourquoi je terminais mon rapport en disant : « Au fond, le mouvement coopératif est un mouvement d'émancipation économique et sociale qui, par l'établissement organique d'un nouvel ordre de choses dans nos conditions d'existence économiques et sociales, doit procurer aussi bien à l'individu qu'au peuple dans son ensemble, une plus grande liberté et une personnalité supérieure. Par conséquent, quiconque veut réellement travailler au développement du mouvement coopératif, dans n'importe quel domaine, ne doit jamais oublier qu'il s'agit avant tout de supprimer d'anciens rapports de dépendance, mais jamais d'en créer de nouveaux. »

Le règlement de discussion ayant accordé vingt minutes aux rapporteurs pour présenter leurs rapports (et dix minutes à chaque orateur), je dus renoncer à lire mon rapport.

De mes entretiens avec différents délégués hongrois, il résultait que certaines questions spéciales (ventes aux non-sociétaires, principe du paiement au comptant, meilleures méthodes de propagande, etc.) éveillaient tout particulièrement leur intérêt.—D'autre part, il me semblait important et tout indiqué de combattre l'assertion erronée de la presse, représentant les sociétés de consommation comme des foyers d'action politique.

Et, comme je n'avais pas touché ces différents points dans mon rapport, je ne m'en tins qu'à certaines parties de son contenu et pour le reste j'improvisai.

Je ne parlai pas du mouvement coopératif danois et suisse — car la Hongrie possède déjà un mouvement coopératif agricole conscient de son but et très bien organisé, ainsi que je l'avais vu la veille en visitant l'Exposition coopérative.

Après une courte introduction, j'exposai que l'organisation de la *puissance de consommation* du peuple devait être le point de vue directeur et l'objectif principal du mouvement coopératif; car cette organisation présente pour les consommateurs de toutes les classes sociales d'un pays, un intérêt économique commun et considérable; ce qui non seulement rend possible l'*organisation nationale* de cette consommation, mais la provoque inévitablement.

Partant de ce point de vue, je fis en passant une courte critique de la presse de Budapest qui, selon moi, se méprenait totalement sur nos intentions en croyant qu'elles cachaient des vues politiques antilibérales. L'activité des coopératives se confine exclusivement en effet, sur le terrain économique et poursuit la solution de problèmes économiques. Pour cela, elles s'appuient uniquement sur des principes libéraux et ne réclament pour elles ni avantages ni privilèges.

Par contre, nous ne devons et pouvons pas nier que les principes économiques des sociétés de consommation ne soient entièrement opposés à ceux des entreprises capitalistes. Tandis que celles-ci, dans l'organisation économique actuelle, recherchent le profit par la production et la distribution des objets de consommation, celles-là, au contraire, veulent éliminer le profit.

La nature des coopératives est donc anticapitaliste, et leur mission est, en conséquence, de réformer l'organisation économique actuelle, en organisant tout d'abord le commerce sur des bases coopératives et, ensuite, sur la base de la consommation rationnellement organisée, d'édifier une organisation rationnelle pour la production des biens économiques.

Ces déclarations déterminent tout naturellement le caractère des coopératives en tant que *corporations autonomes*, dont le succès exige un certain niveau de culture, mais avant tout, une mentalité coopérative.

Pour éveiller et répandre cet esprit coopératif, je recommandai une propagande intensive par la presse et je décrivis les résultats merveilleux obtenus par l'Union suisse avec ses journaux (*Genossenschaftliches Volksblatt*, 60,000 exemplaires; *Schweizerischer Konsumverein*, 3,000 exemplaires; la *Coopération*, 7,000 exemplaires). Mes communications à ce sujet, et particulièrement notre système d'*abonnement collectif* et d'insertion gratuite en dernière page de nos journaux, des annonces, réclames et publications de nos Sociétés abonnées, provoquèrent un grand intérêt. — Je ne manquai pas de faire observer qu'une presse coopérative puissante constitue le meilleur moyen de détruire les préjugés répandus par les journaux systématiquement hostiles au mouvement coopératif.

Je recommandai d'adapter l'*organisation intérieure* des Sociétés de consommation aux conditions spéciales du milieu et je me prononçai en cela, contre des principes rigides et identiques pour tous les pays. — Même le principe si important du *paiement comptant* ne doit pas être considéré comme intangible et peut, selon les circonstances, subir des modifications, afin de rendre possible la pratique coopérative à ceux qui sont sous la dépendance financière des commerçants.

Il faut considérer, en se plaçant au même point de vue, le principe de l'*interdiction de la vente à des non-sociétaires*. Il doit être, comme celui du paiement au comptant, un des principes fondamentaux de toute coopérative véritable, et chaque coopérateur doit travailler énergiquement à sa réalisation. Mais par contre, il ne faut pas que la législation contraigne les coopératives à introduire brusquement ce principe au moyen d'une sanction légale et punisse sa transgression.

L'intérêt bien compris des coopératives est d'observer les véritables principes coopératifs. Il faut repousser rigoureusement tout contrôle bureaucratique et toute ingérence étrangère dans les affaires intérieures des coopératives; car ils ne provoquent que des frottements nuisibles entre les organes de l'État et ceux des coopératives.

Le reste de mes vingt minutes fut consacré à démontrer l'importance des *Unions coopératives* pour le développement des coopératives de consommation, particulièrement dans les pays agricoles. J'insistai enfin sur l'importance de la concentration des fédérations régionales de coopératives de consommation en puissantes organisations nationales, et je terminai en déclarant que la coopération devait poursuivre avant tout l'éducation du peuple, afin que celui-ci pût gérer lui-même ses affaires économiques, et en ajoutant que cette gestion autonome ne devait jamais être affaiblie par une mise sans tutelle de la part des Unions.

La majorité des congressistes partageait mes opinions; elle le prouva en faisant un accueil très sympathique à mon exposé.

Après moi, M. Mac Innes, directeur de la Société de consommation de Lincoln, présenta son rapport. Il avait traité dans son exposé écrit : *Des méthodes et des résultats de la Société de consommation de Lincoln*. Cette société a réussi à incorporer dans le cercle de son organisation les habitants des villages voisins et des propriétés rurales environnantes.

Dans son exposé oral, M. Mac Innes se borna à décrire l'utilité des Sociétés de consommation pour les populations rurales et leur extension dans les pays agricoles. Il insista notamment sur la difficulté d'exiger le paiement au comptant parmi les ruraux, à cause du faible taux des salaires des ouvriers agricoles et de l'irrégularité avec laquelle les populations rurales perçoivent leurs recettes. Ces circonstances font que le *paiement au comptant*, dans les contrées agricoles, y rendrait impossible le fonctionnement des coopératives.

En qualité de président du Comité central, M. H. W. Wolff soumit au Congrès la résolution suivante : « Le 6ᵉ Congrès de l'Alliance coopérative internationale, persuadé que les coopératives de consommation en fournissant les denrées nécessaires à la vie quotidienne, en incitant à l'épargne et en améliorant ainsi la condition économique et sociale des ouvriers agricoles et de la classe des petits paysans, sont aussi bienfaisantes pour ces derniers que pour la prospérité de la classe ouvrière des villes, invite tous les coopérateurs à travailler énergiquement à l'introduction et à l'extension des coopératives de consommation dans les contrées agricoles. »

Ensuite, la discussion commença.

M. Kaufmann, secrétaire de la Nouvelle Union des Sociétés allemandes de consommation, se déclara d'accord avec mes principales déclarations; mais il plaida pour le *paiement comptant* sans aucune restriction. Selon lui, chaque concession au système de la *vente à crédit* est dangereuse et peut procurer de graves embarras aux coopératives. Quand les sociétaires ne peuvent pas payer, le meilleur système est d'instituer un *fonds spécial* pour les aider. — De même, il faut repousser catégoriquement *la vente aux non-sociétaires* qui enlève aux Sociétés de consommation leur caractère coopératif. En Allemagne, depuis nombre d'années, l'interdiction de la vente aux non-sociétaires n'a causé aucun tort aux coopératives de consommation.

Au nom de la Fédération allemande des coopératives Schulze-Delitzsch d'achat et de production, M. le Dʳ Hans Crüger déclara souscrire en général à mes conclusions pratiques, mais non pas aux principes sur lesquels elles reposaient. — Sa Fédération estimait qu'il ne fallait fonder des Sociétés de consommation et des coopératives en général que *là où le besoin s'en faisait sentir* et là où l'on trouvait des personnes capables de les diriger et de les administrer. Il fallait s'abstenir de toute agitation susceptible de « forcer » la création de Sociétés de consommation.

Pour M. Crüger, les coopératives de consommation ne doivent pas être un moyen d'organiser la consommation ; il ne faut pas se servir d'elles pour changer l'organisation économique capitaliste actuelle. Pour lui, les sociétés de consommation sont un *organe de l'organisation capitaliste* et leur but ne doit pas être l'*élimination du profit*. En tout cas, les attaques contre le profit commercial sont injustes ; car il faut pourtant que chaque homme puisse vivre et, pour cela, il doit nécessairement diriger quelque entreprise où il se procurera le pain quotidien.

A côté des coopératives de consommation, les entreprises privées ont droit à l'existence ; c'est une erreur de les opposer les unes aux autres et de dénier à la *classe moyenne*, vivant du commerce, le droit à l'existence. Les coopératives de consommation ne sont, du reste, elles aussi, que des entreprises commerciales.

Pour terminer, M. le Dr Crüger jugea « déplacées » mes attaques contre la presse avec qui, il était plus prudent de ne pas entrer en conflit. Quant à lui, jusqu'à présent, il n'avait rencontré chez elle que bienveillance et intérêt pour les coopératives. Mais, de leur côté, les coopérateurs devaient éviter de donner à leurs aspirations un caractère d'hostilité vis-à-vis des classes moyennes et du capital et ne pas créer des coopératives de consommation pour transformer l'organisation économique capitaliste.

M. Klingenbiel, délégué de l'*Union Raiffeisen*, de Neuwied, appuya M. le Dr Crüger et, au grand étonnement des Congressistes, déclara que les coopératives Raiffeisen ne reconnaissaient aujourd'hui encore aux coopératives de consommation, qu'un droit *conditionnel* à l'existence.

D'après M. Klingenbiel, les coopératives de consommation n'étaient pas à leur place là où il existait une *classe chrétienne* de commerçants, se considérant comme la servante du public. Là où une telle classe n'existait pas, il fallait souhaiter ardemment la création de nouvelles coopératives de consommation.

M. Klingenbiel ne voulait pas, non plus, entendre parler d'un mouvement coopératif de consommation reposant sur le principe fondamental de l'organisation rationnelle de la consommation.

Les orateurs anglais et français qui suivirent : MM. J. C. Gray, Mlle Bennet et M. L. Héliès, introduisirent dans les débats de nouveaux sujets sans rapport avec la discussion en cours. — Par exemple, Mlle Bennet parla de la participation des femmes au mouvement coopératif, tandis que M. Héliès parla en détail des relations de la Bourse des coopératives socialistes avec une coopérative vinicole de Maraussan (Hérault).

M. J. C. Gray, appuya le projet de résolution.

Me Steinbach, délégué de la « Production » bien connue de Hambourg, critiqua en quelques mots typiques et avec une pointe d'ironie spirituelle, les idées de M. Klingenbiel, à qui elle demanda à quel taux commence et finit le profit du commerce chrétien. Elle expliqua comment la « Production » avait résolu le problème du paiement comptant : « Les sociétaires sont tenus de laisser à la coopérative une partie de leur ristourne pour former un *fonds de secours* dont ils ne peuvent disposer qu'en cas de maladie ou de chômage. »

M. K. Wrabetz, avocat de la *Fédération des coopératives autrichiennes Schulze-Delitsch*, protesta contre la tendance qu'ont les gouvernements d'imposer toutes sortes d'entraves aux coopératives (ainsi l'interdiction de la vente aux non-sociétaires) et de les contraindre malgré cela à payer l'impôt spécial, comme les entreprises commerciales.

M. Wrabetz démontra, par des arguments très solides, que les sociétés de consommation à l'usage de leurs seuls membres ne font pas de commerce, et par suite, ne font pas de profits. En cela, il contredisait les assertions de M. le docteur Crüger qui, un moment auparavant, avait assimilé les sociétés de consommation aux entreprises capitalistes. — Du reste, M. Wrabetz évita soigneusement d'exprimer son avis sur les vues de M. le docteur Crüger. Il constata simplement que, dans l'*Histoire des Equitables Pionniers de Rochdale*, d'Holyoake, il était dit que les coopérateurs anglais ne poursuivaient pas d'idéals sociaux, mais pratiquaient seulement la coopération à cause de son utilité pratique.

Vu l'heure avancée, la discussion fut close, bien qu'il y eût encore un grand nombre d'orateurs inscrits.

Comme rapporteur je pus pourtant prendre la parole.

Je répondis à M. Kaufmann qu'une population habituée depuis des générations à la vente à crédit ne pouvait pas, du jour au lendemain, être gagnée au principe du paiement comptant. Cela ne pouvait être atteint que par une éducation lente et continue, par le moyen des coopératives. Le principal n'est pas de poser les principes coopératifs comme des dogmes intangibles, mais de les faire passer peu à peu dans la vie pratique. — Sans doute la vente à crédit présente un certain danger pour les coopératives et, pour ce motif, on doit la restreindre le plus possible; mais si l'on opère prudemment, l'adaptation aux habitudes de paiement des consommateurs ne cause pas de préjudice aux sociétés.

En fait, beaucoup de coopératives de consommation allemandes, anglaises et suisses, n'appliquent pas strictement le principe du paiement comptant, mais se sont accommodées, sous différents rapports, aux besoins de la population, sans que cela leur ait causé de grands dommages jusqu'à présent. Les véritables coopérateurs doivent libérer autant que possible les sociétés de consommation de la vente à crédit et travailler énergiquement à l'application générale du paiement comptant.

On peut en dire autant de la vente aux non-sociétaires. Aux débuts d'une coopérative de consommation, il peut être utile qu'elle vende des marchandises au public, afin de gagner à elle les consommateurs non associés. Mais l'expérience prouve que, dans la suite, la vente aux seuls sociétaires constitue un excellent moyen pour engager les consommateurs indifférents à entrer dans la société.

En tout cas, dans les pays où le mouvement coopératif est peu développé, il ne faut jamais entraver la liberté des coopérateurs au moyen d'une législation coopérative spéciale. Les véritables principes coopératifs se déduisant de la pratique coopérative, s'implantent partout avec le temps.

D'autre part, la réglementation de la part de l'Etat est non seulement superflue, mais encore nuisible dans certaines circonstances; car le contrôle des prescriptions légales est entre les mains de la bureaucratie qui, partout et toujours, a la tendance de sacrifier à la routine les véritables besoins des coopératives.

Ensuite, je répondis à MM. Klingenbiel et Wrabetz.

Au premier, je fis remarquer que, s'il existait un commerce chrétien, c'était assurément plutôt celui des *associations coopératives*. Seules, en effet, les coopératives de consommation sont des serviteurs désintéressés du public, parce qu'elles ne poursuivent aucun but de lucre, et leur manière d'agir correspond réellement aux enseignements de la doctrine chrétienne et des pères de l'église, en matière de commerce.

Par contre, le commerçant, même soi-disant chrétien, est obligé de mener ses affaires selon le mode capitaliste en tant que commerçant, c'est-à-dire de faire la chasse antichrétienne aux profits, pour pouvoir conserver sa situation économique.

Et précédemment, quiconque sur ce terrain veut être chrétien, doit désirer logiquement l'extension illimitée des coopératives.

Donc, s'ils veulent parler d'amour du prochain, les commerçants « chrétiens » ne doivent pas du tout s'opposer à un mouvement économique destiné à libérer des centaines de mille hommes des soucis matériels et de la misère — mouvement qui, par là même, réalise une part de *christianisme pratique*.

A M. Wrabetz, je répondis que, dès le début, les coopérateurs anglais avaient en vue des *idéals sociaux* et que depuis Robert Owen, un idéalisme social accentué influençait le mouvement coopératif anglais.

Du reste, aujourd'hui encore, conformément à la doctrine d'Owen, les coopérateurs anglais veulent précisément remplacer l'organisation économique actuelle par une organisation conforme aux besoins sociaux. — Quant aux *Equitables Pionniers de Rochdale*, s'ils ont fait époque dans l'histoire économique, c'est justement en poursuivant, par leur coopérative de consommation, la réalisation d'un but social bien déterminé.

En dernier lieu, quoique pressé par le temps, je réfutai le point capital de l'argumentation de M. le Dr Crüger, d'après lequel les Sociétés de consommation feraient partie intégrante de l'organisation économique capitaliste.

Je rappelai la thèse de M. Wrabetz et j'ajoutai que si les coopératives de consommation avaient le même but que les entreprises commerciales privées, il serait tout à fait absurde et inutile d'en fonder, de réunir des congrès pour les développer et de les unir en fédérations régionales et nationales. — Du reste, la guerre incessante et acharnée que leur font les commerçants de tous les pays, démontre clairement qu'elles reposent sur des principes différents de ceux des entreprises commerciales et industrielles privées et qu'elles ne font pas partie de l'organsiation économique capitaliste.

En effet, les coopératives de consommation ont pour base, l'intérêt économique général des hommes en tant que *consommateurs*, tandis que les entreprises privées ont pour base l'intérêt spécial et privé de leurs propriétaires, en tant que *vendeurs*. Donc, le principe directeur des coopératives est le *bien général, l'altruisme* ; celui des entreprises capitalistes est *l'égoïsme*, la réalisation de gains individuels, sans égard pour le bien-être et les droits de la masse du peuple — La libre concurrence, une lutte économique impitoyable de tous contre tous sont les moteurs de l'organisme économique capitaliste, tandis que les associations coopératives puisent leur force irrésistible dans la solidarité des intérêts de leurs membres : leur élément vital réside dans la justice sociale et dans une organisation économique rationnelle et bien ordonnée.

Il ne faut donc pas taire ces distinctions fondamentales dans les principes et essayer de cacher la nature anticapitaliste des coopératives de consommation, en les représentant comme des membres inoffensifs de l'organisation économique capitaliste, et cela, à seule fin de les soustraire aux attaques des politiciens des classes moyennes.

La véritable raison d'être des coopératives de consommation réside dans leur efficacité économique infiniment supérieure à celle des entreprises privées similaires et dans les principes sociaux supérieurs qu'elles incorporent.

De même qu'en religion on ne peut servir en même temps Dieu et Mammon, de même on ne peut, en luttant pour la cause coopérative, servir en même temps le peuple et le capital. Chaque coopérateur doit logiquement se décider pour l'un ou pour l'autre.

Pour terminer, je protestai contre l'allégation de M. le Dr Crüger, prétendant que j'avais attaqué la presse de Budapest d'une façon déplacée. J'avais simplement constaté des faits, d'où il résultait que la plupart des journaux avaient mal jugé la coopération et que certains étaient nettement hostiles aux coopératives. J'avais le droit de dénoncer ses erreurs à cette presse et de constater aussi que certains journaux étant au service du capitalisme, n'étaient pas en mesure de discuter objectivement nos aspirations et nos vues.

Par conséquent, les coopérateurs ont le droit et le devoir de créer une presse coopérative puissante soit pour lutter contre l'influence de tels journaux, soit, pour faire connaître le mouvement coopératif au grand public.

Les congressistes accueillirent mes paroles par des applaudissements encore plus nourris qu'après mon rapport verbal. Je fus félicité de différents côtés et le comte Karolyi, en particulier, me dit textuellement : « Je partage tout à fait vos opinions; vous avez parfaitement raison, on doit avoir le courage d'exposer ses principes sans arrière-pensée ».

On vota ensuite sur la résolution de M. le Dʳ Wolff rapportée plus haut. Elle fut adoptée à l'unanimité, moins les voix de M. le Dʳ Crüger et de ses partisans (par 125 voix contre 5, d'après les *Coopérative News*) (1).

Si j'ai esquissé, aussi objectivement que possible, dans les lignes précédentes les débats qui ont eu lieu au Congrès de Budapest sur les sociétés de consommation, c'est pour renseigner le lecteur sur les divergences d'opinion qui s'y firent jour.

Le résultat principal du débat sur les coopératives de consommation a été incontestablement le suivant : la presque unanimité des congressistes a approuvé mon point de vue, d'après lequel : la coopération distributive doit être considérée comme un mouvement de réforme sociale, basé sur l'organisation rationnelle et systématique de la consommation du peuple.

---

(1) Nous avons omis intentionnellement de parler de la résolution proposée par M. le Dʳ Dömötör, relativement au projet de loi du gouvernement sur les Associations coopératives; en effet, la discussion qui eut lieu sur cette résolution n'avait aucun rapport avec les questions débattues.

Néanmoins pour être complet, nous donnons le texte de cette *résolution* qui fut adoptée sans débat par le Congrès, le jour suivant :

« Le 6ᵉ Congrès de l'Alliance coopérative internationale déclare :

« 1° qu'il est absolument inadmissible que les coopératives de consommation soient soumises à différentes autorités, en ce qui concerne leur situation juridique ; qu'au contraire leurs intérêts réclament impérieusement de l'être à une seule et unique autorité spécialement créée pour cela, comme c'est le cas en Angleterre avec le *Registrar of Friendly Societies* et cela, afin que la loi soit appliquée d'une manière absolument uniforme et avec une entière compétence;

« 2° Que le contrôle des coopératives doit être laissé en première ligne aux Associations elles-mêmes, au moyen d'une Union (fédération) créée par elles ou par l'intermédiaire d'une autorité spécialement compétente, comme l'autorité anglaise susmentionnée;

3° Ce contrôle ne doit être fait en aucun cas par des autorités étrangères au mouvement coopératif, comme par exemple les Chambres de commerce, dont les intérêts pourraient être contraires à ceux des coopératives;

« 4° Enfin, bien qu'en général l'interdiction de la vente aux non-sociétaires soit à recommander, néanmoins l'extension des coopératives et plus encore les intérêts des classes pauvres (qui ont avant tout besoin du secours des coopératives) rendent désirable que les sociétés de consommation n'interdisent pas dans leurs statuts la vente des marchandises aux non-sociétaires, afin que, selon l'exemple glorieux et couronné de succès des coopératives de consommation anglaises, les pauvres gens aient la possibilité de réunir peu à peu le montant d'une part sociale leur conférant les droits de sociétaire. »

M. le Dr Crüger avoue lui-même, dans un article de sa *Revue du mouvement coopératif*, que « les débats sur les sociétés de consommation se sont terminés par la victoire des *représentants du socialisme coopératif* ». — Il rapporte que, ce jour-là, « les délégués des coopératives agricoles hongroises, les délégués de la Suisse, de l'Angleterre et de quelques autres États, possédant un mouvement coopératif peu développé, s'unirent pour prononcer la condamnation du *capitalisme....* De l'autre côté, il n'y avait que les délégués de l'Union générale coopérative autrichienne et ceux de notre fédération, auxquels s'étaient joints les délégués de l'Union de Neuwied ». — Dans une autre partie de son article, M. le Dr Crüger trouve caractéristique qu'à Budapest, les représentants des Unions coopératives agricoles, ainsi que les comtes Karolyi, Mailath, Széchényi, etc., aient applaudi ouvertement les déclarations de M. le Dr Müller, représentant de l'Union suisse des sociétés de consommation, qui avait protesté très énergiquement contre l'organisation économique actuelle.

En réalité, M. le Dr Crüger n'avait avec lui que MM. Wrabetz, Dr Volper de l'Union autrichienne, Klingenbiel de Neuwied et les délégués de son Union, MM. D'Alberti, Opperman et Ce. Tous les autres délégués—et parmi eux les Danois, les Hollandais, les Italiens, les Français et les Belges, pays dont M. le Dr Crüger ne peut pas dire que le mouvement coopératif y soit peu développé — les délégués des Sociétés de consommation allemandes, anglaises, hongroises, serbes, etc., tous, en un mot, déclarèrent vouloir admettre toutes les conséquences économiques et sociales créées par les Sociétés de consommation.

Par là, le Congrès reconnut explicitement, et cela est un des principaux titres de son importance, que *les coopératives de consommation doivent constituer un nouveau principe d'organisation sociale et économique* (1).

D'autre part, des mêmes débats, il résulte que les coopérateurs Schulze-Delitzsch allemands et autrichiens sont en retard dans leurs conceptions. Pour eux, l'idée de la coopération de consommation en est encore à son deuxième degré de développement; en effet, ils ne voient, dans les coopératives de consommation, qu'un moyen d'améliorer l'économie domestique des classes populaires.

⁂

En jetant un coup d'œil rétrospectif sur les débats de Budapest touchant les coopératives de consommation, nous devons constater, une fois de plus, que les hommes subissent les événements plutôt qu'ils ne les dirigent. Les événements suivent leur cours selon une logique particu-

---

(1) Voir dans le *Schweizerischer Konsumverein*, n° 44 du 29 octobre 1901, un article sur les trois périodes de développement de l'idée coopérative en matière de consommation.

lière qu'il nous est impossible d'entraver. Nous n'avons qu'à les accepter et à tâcher de comprendre leur sens et leur importance.

En effet, aucun des congressistes n'avait l'intention, à propos de la discussion sur la création et le fonctionnement des coopératives dans les contrées agricoles, de provoquer un exposé fondamental de principes touchant les conceptions anciennes et nouvelles sur les Sociétés de consommation. En rédigeant mon rapport, j'avais particulièrement évité toute allusion susceptible d'amener un débat sur ce point. — Quant à M. le D*r* Crüger et aux autres orateurs, ils furent amenés à formuler leur conception sur les Sociétés de consommation, aussi, sans le vouloir. Ils furent contraints par les circonstances de prendre position inopinément sur une question qui ne devait pas être discutée à Budapest.

Seul, le président de l'Alliance coopérative internationale, M. H.-W. Wolff, prétend avoir dominé la situation. Il déclare, en effet, dans un article de la *Revue du Mouvement coopératif* (N° 48 des *Blätter für Genossenschaftswesen*) que : « L'affaire ne pouvait pas mieux se passer que de la façon dont elle eut lieu. *Mais tout était prévu d'avance. A la fin du Congrès, je fis remarquer à Mlle Halford que tout s'était passé exactement (excepté l'élection du Comité central), comme je l'avais voulu et projeté* ». Et pourtant, le même M. Wolff avoue justement, quelques lignes plus loin, dans le même article, que son talent de directeur a fait *fiasco* lors des débats sur les Sociétés de consommation. « Il n'a pas dépendu de nous, dit-il textuellement, que le débat s'engageât sur le vieux terrain brûlant ».

Ainsi, le cours et le résultat des débats sur les Sociétés de consommation furent pour tous tout à fait inattendus. C'est peut-être pour cela qu'ils firent sur les délégués une impression extraordinaire. Non seulement on avait discuté, mais encore on avait, par un débat nécessaire, éclairci une situation devenue intolérable.

Ces débats ont imprimé à l'Alliance coopérative internationale une direction nouvelle. Voici pourquoi :

Comme toute organisation sociale, l'Alliance coopérative internationale a besoin d'un principe directeur, d'une idée constitutive ; sinon, elle restera une œuvre inerte, sans vie et destinée à disparaître avec le temps.

L'idée constitutive de l'Alliance coopérative internationale doit être *la Propagande de l'idée coopérative*. C'est pour cela que les Unions coopératives nationales ont créé une fédération internationale ; qu'elles s'imposent certains sacrifices et que, de temps à autre, elles s'assemblent en congrès. Mais la condition première pour une propagande internationale de l'idée coopérative, c'est l'accord préalable des associations groupées autour de l'Alliance coopérative internationale.

Si elles approuvent des idéals coopératifs différents, il en résultera des propagandes contradictoires — ce qui n'est pas désirable. Au contraire, si un idéal uniforme et commun anime tous les intéressés, cet idéal sera très réalisable et donnera lieu à une organisation capable d'un sérieux développement.

Jusqu'au Congrès de Budapest, il n'y avait pas de conception coopérative commune à tous les membres de l'Alliance coopérative internationale. Voilà pourquoi cette Alliance, malgré une existence de près de dix ans, est restée jusqu'à nos jours une fédération sans vigueur et sans cohésion.

Lorsque l'Alliance coopérative internationale fut fondée, l'idéal coopératif de ses fondateurs était surtout le *Profit-Sharing*, grâce auquel la coopération devait amener la paix sociale, par le partage équitable des bénéfices entre le travail, le capital et les consommateurs. Les principaux représentants de cet idéal coopératif étaient MM. Charles Robert en France, G.-J. Holyoake et E.-O. Greening, en Angleterre.

Mais alors, il apparut clairement qu'il était impossible de rallier à cette conception coopérative nationale, en vue d'une action commune les différentes organisations. Cela n'était pas étonnant, car cette conception de l'idée coopérative ne découlait pas de la nature même des coopératives, mais y avait été habilement introduite. En réalité, il s'agissait d'un postulat doctrinaire, ou pour mieux dire, d'une conception particulièrement chère à quelques coopérateurs individualistes.

Après que le Congrès international de Paris (en 1900) eut démontré l'impossibilité de fonder une Union coopérative internationale avec à sa base, l'idée du *Profit-Sharing*, on y renonça, à bon droit selon nous.

Au Congrès suivant de Manchester (en 1902) la mention de cette conception fut supprimée dans les statuts fédéraux et, avec elle, disparut aussi la qualité de *membre individuel* (1).

L'Alliance devint alors réellement une véritable fédération de coopératives. Elle dut adopter une conception nouvelle et un principe directeur nouveau.

Les délibérations du Congrès de Budapest sur les sociétés de consommation ont donné une solution à cette question si importante. Il en résulta l'adoption de l'idée coopérative envisagée dans sa *conception de réforme économique et sociale*, c'est-à-dire en tant qu'organisation rationnelle de la consommation.

La décision prise ne peut donc rester sans conséquences. Elle doit nécessairement amener une cohésion plus grande des divers groupes coopératifs formant la majorité, qui ont trouvé maintenant un terrain commun pour leur action internationale. Les représentants de ces divers groupes ayant déjà noué des relations plus intimes à Budapest, le sentiment de la solidarité internationale en a été, par là même, fortifié. Ceci apparaîtra mieux dans la suite, notamment lors du prochain Congrès international.

---

(1) Voir sur ce point, les délibérations extrêmement intéressantes du Congrès coopératif anglais de Middlesborough en 1901 où le vénérable et très populaire G.-J. Holyoake fit des efforts surhumains, mais inutiles, pour sauver son idéal coopératif individualiste.

Une conséquence importante de la décision du Congrès de Budapest sera la scission des organisations coopératives représentant un idéal différent de celui adopté par la majorité du Congrès et dont, logiquement, la place n'est plus dans l'Alliance coopérative internationale.

Cela est déjà en train de se réaliser. MM. les avocats Dr Crüger et K. Wrabetz ont annoncé la sortie de leurs Unions générales du sein de l'Alliance.

Quelque regrettable que soit, pour une organisation coopérative internationale, la perte de certains de ses membres, nous n'hésitons pas à considérer comme un gain le départ des Unions susmentionées. La sortie des deux Unions Schulze-Delitzsch libèrent l'Alliance coopérative internationale d'une entrave interne nuisible à son propre développement.

Nous serions disposé, pour notre part, à remercier M. le Dr Crüger de sa décision, s'il n'avait pas manifesté à cet égard une crainte quelque peu tragi-comique. Il déclare, en effet, dans son organe, que par la sortie de son Union : l'existence de l'Alliance coopérative est sérieusement compromise. On ne pourrait que sourire de cette assertion quelque peu prétentieuse si, malheureusement, le président de l'Alliance n'avait contribué à donner un certain crédit à l'assertion de M. le Dr Crüger. — Au lieu, en effet, de laisser partir simplement les dissidents avec leurs Unions coopératives rétrogrades, il s'évertue, dans les *Blatter für Genossenschaftswesen*, organe de M. le Dr Crüger (sans aucun succès, naturellement) à les réconcilier avec les décisions du Congrès de Budapest.

Dans ce but, M. Wolff n'abandonne pas seulement sa propre résolution aux critiques de M. le Dr Crüger ; mais il lui assure même que les représentants de l'Union coopérative générale allemande et de l'Union coopérative autrichienne ont remporté au Congrès une victoire complète et éclatante ! — A cela, M. le Dr Crüger répond avec dignité : « Les représentants de l'Union coopérative générale allemande prennent volontiers acte de cette déclaration ; cependant elle ne change rien aux faits. Nous n'allons pas dans les congrès internationaux pour y remporter des victoires, mais bien pour travailler pratiquement à l'élaboration de l'œuvre coopérative. D'accord, en ceci, avec de nombreux coopérateurs allemands, je suis d'avis, qu'étant données les circonstances et la composition du Comité central actuel, il est impossible de compter à l'avenir sur un travail vraiment pratique ».

M. le Dr Crüger a parfaitement raison, à son point de vue. Il s'est montré fidèle envers et contre tous, à sa conception théoriquement démodée du rôle des coopératives, selon laquelle : les sociétés de consommation ne constituent qu'une forme particulière d'entreprise capitaliste. Ses tendances conservatrices ne lui avaient déjà pas permis de travailler en commun d'une manière utile avec les coopératives allemandes de consommation et, plutôt que de s'accommoder de leur conception coopérative, il avait préféré laisser se désagréger l'Union Générale. Comment donc cet homme eût-il pu travailler utilement avec nous, qui sommes des coopérateurs internationalistes, et qui avons exactement les mêmes principes que les coopératives allemandes exclues de son Union en 1902, au Congrès national de Kreuznach ?

Du reste, quelle que soit l'opinion que l'on ait de M. le Dr Crüger, on doit le reconnaître logique dans ses idées, dans ses actes et fidèle à sa conception du mouvement coopératif. De plus, c'est un caractère qui n'adopte pas, pour quelques paroles flatteuses ou aimables, une ligne de conduite, fausse à ses yeux.

C'est pourquoi, nous ne comprenons pas la façon d'agir de M. H.-W. Wolff, qui s'efforce de remettre de bonne humeur M. le Dr Crüger en employant pour cela des plaisanteries et des compliments, procédés qu'il faut réserver pour les enfants boudeurs. M. Wolff n'a abouti, par là, qu'à porter une atteinte regrettable à la dignité de l'Alliance (1).

D'ailleurs, s'il fallait d'autres preuves que l'idéal coopératif de M. le docteur Crüger, et de ses disciples, est incompatible avec une action uniforme reposant sur un principe unique et même qu'il est très pernicieux pour l'existence d'une Alliance coopérative internationale, on les trouverait dans les jugements portés sur le Congrès par la presse hostile à la coopération.

Dans ces jugements, tous les rapporteurs et orateurs sont très maltraités, à l'exception de M. le Dr Crüger.

En particulier, sa conception, selon laquelle : il ne faudrait créer des coopératives de consommation que là seulement où le besoin s'en fait sentir, lui a valu l'approbation enthousiaste des épiciers et de la petite bourgeoisie.

Le *Kolonialwaren Zeitung* (journal allemand des épiciers) écrivait en effet : « L'opinion de M. le Dr Crüger relativement à la question de savoir : s'il est nécessaire de fonder des sociétés de consommation, sera sans doute dénaturée par les *contempteurs du profit*, en ce sens que : seuls les consommateurs doivent décider sur la question d'opportunité. Et on

---

(1) M. Wolff est aussi d'accord avec M. le Dr Crüger, pour accuser nos hôtes hongrois d'avoir manqué de tact. Cependant le passage suivant, paru dans l'organe de M. le Dr Crüger sous la signature de M. Wolff, prouve qu'il ferait mieux tout d'abord, de balayer devant sa propre porte.

« Nous sommes trente-sept personnes dans le Comité central, dont deux comtes et trois soi-disant socialistes. Quant à savoir s'ils sont réellement socialistes, je ne puis l'assurer. Et nous, les trente représentants de la classe moyenne, nous devrions tout d'un coup compter pour rien, alors que nous nous étions imaginés qu'un représentant de la classe moyenne valait autant que dix socialistes et que vingt comtes, pour le moins. »

Jusqu'ici, nous avions toujours cru qu'il n'y avait dans le Comité central ni représentants de la classe moyenne, ni socialistes, ni comtes, mais seulement des *coopérateurs*; nous nous imaginions qu'aux yeux du président du Comité central, tout au moins, ils étaient égaux et avaient tous la même valeur et non pas que les uns valaient dix ou vingt fois plus que d'autres.

Du reste, sans savoir si M. Wolff nous range parmi les socialistes ou les représentants de la classe moyenne, nous sommes forcés de protester contre cette classification, selon leur valeur, des membres du Comité central.

entend par là la foule idiote (*sic*) des femmes et des milieux
ouvriers excités par les héros..... de l'art oratoire. Mais,
le Dr Crüger ne tolèrera pas sans doute cette interprétation
de son opinion ; car, tout homme cultivé sait très bien qu'en
matière de questions publiques, les autorités ont aussi le
droit de faire entendre leur voix. C'est uniquement dans ce
sens que, depuis plusieurs années, nous avons réclamé la
solution de la question concernant la créationdes sociétés de
consommation, conformément aux dispositions de la loi
sur les arts et métiers. — Peut-être M. le Dr Crüger réussira-
t-il peu à peu, à faire partager à ses collègues libéraux du
Reichstag, son opinion relative à l'opportunité de la création des sociétés de consommation. *Nous aurions alors le
plaisir de le trouver de notre côté, lors d'une nouvelle revision de la loi sur les associations* ».

Quant à nous, nous ne croyons pas que M. le Dr Crüger
envisage cette question de la même façon que le *Kolonialwaren Zeitung*. Cependant, le fait que ce journal l'en croit
capable est assez caractéristique et un peu humiliant pour
M. Crüger, dont les discours au Congrès de Budapest ont pu
laisser croire qu'à l'occasion de la revision (dans un sens
rétrograde) de la loi allemande sur les associations, il
pourrait se trouver parmi les ennemis les plus acharnés des
coopératives de consommation.

Il nous semble en tout cas que, même pour un avocat des
coopératives Schulze-Delitzsch, il est très ennuyeux d'être
considéré comme un allié éventuel par la corporation des
épiciers.

Mais, laissons M. le Dr Crüger concilier les exigences de
sa conscience d'avocat-coopérateur avec son point de vue
personnel sur la question. Quant à nous, il nous a paru très
important de démontrer que : pour un coopérateur qui pré-
tendait appartenir à une association coopérative internationale, dont le but est de faire de la propagande pour le
développement du mouvement coopératif, il n'existait
aucune raison de nécessité, relativement à la fondation de
nouvelles coopératives.

Pourtant, quand des organisations coopératives de différents pays se fédèrent dans le but de faire de la propagande
pour l'extension du mouvement coopératif, il en résulte de
prime abord : qu'une augmentation du nombre des coopératives est non seulement désirable, mais encore indispensable pour atteindre le but.

Ces organisations partent naturellement toujours du
point de vue que : les coopératives constituent une forme
économique et sociale supérieure à la forme capitaliste des
entreprises industrielles et commerciales qui l'emporte
encore s'impose de nos jours. L'adaptation de cette forme
supérieure d'organisation économique et sociale doit donc
être tentée partout, et la fondation de coopératives est par
conséquent désirable, partout où il n'en existe pas encore.

Il en résulte que le coopérateur, dans son désir de voir
s'étendre le mouvement coopératif, ne peut pas s'en tenir
au besoin exprimé par ceux à qui les coopératives peuvent
rendre service, pas plus qu'il ne peut tenir compte des

intérêts de ceux dont les entreprises sont ruinées par les coopératives ou tout au moins sérieusement compromises. Car ces derniers nieraient naturellement dans tous les cas là nécessité des coopératives, tandis que les premiers ne la reconnaîtraient qu'après en avoir expérimenté l'utilité. S'il y a encore aujourd'hui tant de pays et de contrées où il n'existe pas de coopératives, alors que la population en aurait certainement besoin, c'est qu'on ne peut pas réclamer ce qu'on ne connaît pas du tout, ce dont on ne pressent même pas l'existence et l'effet bienfaisant. Comme pour beaucoup d'autres choses, il faut donc d'abord : éveiller dans la population le désir et le besoin des coopératives, il faut la renseigner sur le mouvement coopératif, le lui expliquer, puis ensuite, l'inviter et l'encourager à créer des coopératives.

Ainsi donc, la mission de la propagande coopérative consiste à répandre le plus possible la semence bienfaisante de l'idée coopérative partout et aussi souvent que possible ; même en risquant de la répandre dans les ronces et les épines ou de la perdre en chemin. Cela ne fait rien, car en beaucoup d'autres endroits, l'idée coopérative tombera dans un terrain bien préparé, y prendra racine et y germera. Il se trouvera toujours des hommes et des femmes qui comprendront l'idée coopérative et feront preuve de bonne volonté pour la réaliser ; avec le temps, ils deviendront des ouvriers utiles et habiles et travailleront joyeusement et avec entrain au triomphe de notre idéal coopératif. — Du reste, jusqu'à présent, partout, où le mouvement coopératif s'est développé, c'est de cette façon qu'on a procédé et qu'il faudra encore procéder à l'avenir.

Le véritable coopérateur trouve cela tout naturel, il sait qu'il doit se considérer comme l'apôtre et le missionnaire d'une idée qui incorpore : un progrès économique, le bien-être matériel et la justice sociale. Il doit donc prêcher son évangile à tous les païens, d'un cœur vaillant et par des paroles enflammées, sans leur demander au préalable s'ils éprouvent le besoin de recevoir ses enseignements !

Ce sont des hommes de cette espèce, éprouvant un besoin irrésistible d'agir et de lutter pour le triomphe de l'idée coopérative, qui ont été les initiateurs de notre mouvement et l'ont rendu imposant, et non pas des meneurs de la trempe de M. le Dr Crüger voulant d'abord être persuadés qu'il existe ici ou là un besoin de créer une coopérative, avant d'avoir travaillé eux-mêmes à sa fondation.

D'autre part, nous nous empressons d'ajouter ici que nous ne sommes nullement partisan de la manie de fonder partout des coopératives de consommation, d'une façon irréfléchie et sans chance de succès.

A l'heure actuelle, il est évident qu'il n'est pas possible de fonder partout des coopératives.

Pour pouvoir fonder une coopérative, la diriger et la maintenir debout, il faut qu'on puisse compter sur un certain nombre de personnes intelligentes, morales et habiles.

C'est la présence de telles personnes, mais non pas la

nécessité démontrée des coopératives, qui décide si on peut fonder une coopérative ou pas. S'il manque dans un pays un nombre suffisant de coopérateurs capables, nous devons nous efforcer d'en former, soit dans des établissements spéciaux, soit par la création de bibliothèques et la publication de journaux coopératifs, etc.

Plus le niveau intellectuel et moral d'un peuple est élevé, plus il sera facile de l'organiser sur des bases coopératives, et réciproquement. Le but du coopérateur doit être le même dans tous les pays, c'est-à-dire : répandre le plus possible le système coopératif, de façon à amener par là un changement progressif, mais complet, dans le système économique et dans l'organisation sociale de son pays.

C'est pourquoi le coopérateur ne connaît aucune limite, ne tient compte d'aucun intérêt pouvant entraver son action de propagande. Ayant la conviction que la coopération, sous toutes ses formes, réalise : le bien général, le bien-être du peuple, la justice sociale et selon Schulze-Delitzsch, *qu'elle personnifie la paix*, le coopérateur doit défendre énergiquement son droit à l'existence, partout où il est capable de le faire prévaloir.

Il n'admet l'organisation économique capitaliste avec ses entreprises fonctionnant dans un intérêt particulariste, *qu'autant que l'organisation coopérative n'est pas en mesure de la réduire à l'impuissance par sa concurrence et de la remplacer.*

M. le Dʳ Crüger dénature grossièrement ce point de vue en prétendant que par là : les coopératives de consommation constituent *un instrument de la lutte des classes sur le terrain économique.* (1)

La véritable coopération combat, en effet, par principe, l'entreprise capitaliste.

M. le Dʳ Crüger reconnaît lui-même qu'elle supprime des *forces de travail* (autrement dit, qu'elle enlève des éléments au système de l'organisation économique capitaliste); mais elle ne le fait pas dans l'intérêt d'une seule classe, parce qu'elle ne personnifie pas un intérêt de classe, mais bien dans l'intérêt de la généralité des hommes.

Ainsi les coopérateurs ne sont pas les avocats d'un intérêt de classe ou d'une catégorie de personnes appartenant à une profession quelconque(ou tout au moins ne devraient pas l'être), mais bien les avocats des intérêts du peuple en général et des idéals humains les plus élevés.

Et par là même, ils considèrent l'organisation économique capitaliste —avec son système d'exploitation humaine et de profit personnel, d'anarchie dans la production et dans le commerce, aboutissant au chômage forcé et à la

---

(1) « M. le Dʳ Müller, dit-il, est très mal placé pour parler de *commerce* et de *gain*. Pour M. le Dʳ Müller la coopérative de consommation constitue un instrument de la lutte des classes sur le terrain économique ». (*Blätter für Genossenschaftswesen.* Nº 12 du 15 octobre 1901, page 123).

C'est justement le contraire qui est exact, la Société de consommation, la coopération constitue pour nous un moyen de réaliser la *solidarité économique.*

misère d'un grand nombre d'ouvriers, avec son culte de Mammon et sa recherche insensée des jouissances, — comme constituant un état social que nous devons nous efforcer d'améliorer et de remplacer par une organisation réalisant un développement supérieur de civilisation, et créant une humanité avec des aspirations plus élevées.

Quiconque veut être coopérateur, doit être par principe ennemi de l'organisation économique capitaliste, sans quoi il n'est pas un véritable coopérateur.

Mais le coopérateur qui, comme M. le Dr Crüger, prend part à des congrès internationaux dans le but de travailler pratiquement à l'extension du mouvement coopératif, tout en désirant protéger et maintenir l'organisation économique capitaliste avec sa fameuse *classe moyenne*, ferait mieux en réalité de rester chez lui. Il ne peut logiquement adhérer à une assemblée de coopérateurs convaincus, et résolus à affirmer le caractère anticapitaliste des principes fondamentaux de la coopération.

Et même si le Congrès de Budapest, avec son débat sur les sociétés de consommation, n'avait abouti à rien d'autre qu'à démontrer clairement que le *coopératisme* et le *capitalisme* sont absolument incompatibles, il n'aurait pas du tout été inutile et sans résultat.

Mais, comme nous l'avons déjà fait remarquer, il a fourni l'occasion de se rendre compte de l'accord parfait de la grande majorité des délégués présents, relativement à la nature anticapitaliste des coopératives de consommation; en outre, il a consacré la conception selon laquelle: le mouvement coopératif constitue un *mouvement de réforme sociale*.

Et tout naturellement, les délégués qui n'ont pas pu souscrire à ces différents points de vue se sont détachés de nous. Il en résulte que la situation est maintenant *claire et nette* dans le sein de l'Alliance coopérative internationale.

M. le Dr Crüger croit pouvoir mettre en doute que les délégués de l'Angleterre et de la France, ayant pris part aux débats sur les sociétés de consommation, aient partagé l'opinion du Dr Müller.

En ce qui concerne M. Héliès, délégué de la *Bourse coopérative*, il ne s'est pas exprimé, ainsi que M. Gray, sur le fond du problème discuté à Budapest. Cependant il n'y a aucun doute que les coopérateurs français des deux tendances (soit les membres de la *Bourse coopérative* (socialiste), soit ceux de l'*Union coopérative* (neutre), souscrivent mot pour mot à notre opinion relative à l'organisation économique capitaliste.

Quant à l'approbation des coopérateurs anglais influents, relativement à notre point de vue anticapitaliste, elle ne fait pas l'ombre d'un doute, puisque l'Angleterre est justement le pays où cette conception s'est manifestée en premier lieu, conception partagée encore fermement jusqu'à aujourd'hui et considérée comme le précieux legs spirituel de Robert Owen.

Pour le prouver, nous nous permettons de renvoyer le

lecteur au livre *Industrial coopération*, que vient justement de faire paraître la *Co-opérative Union*, dont M. Gray est comme on sait, le secrétaire général. Dans cet ouvrage, qu'on peut considérer à bon droit comme exposant fidèlement la conception coopérative des coopérateurs anglais, on lit à la 2ᵉ page :

« L'idéal coopératif peut se définir ainsi : — éliminer le régime actuel de concurrence industrielle par le moyen de l'association mutuelle et lui substituer la Coopération en vue du bien général et comme base de toute société humaine. »

Et quelques lignes plus loin on peut lire :

Il y a un grand nombre de coopérateurs qui, comme les premiers pionniers de l'idée cooperative, considèrent les magasins de consommation, les ateliers et les fabriques coopératives comme constituant le commencement d'une nouvelle existence sociale, d'où sortira avec le temps la véritable République coopérative (*Cooperative Commonwealth*).

Ainsi l'approbation des coopérateurs anglais, écossais et français, relativement à la conception anticapitaliste du mouvement coopératif est hors de cause pour tout connaisseur de leur presse et de leur littérature ; d'autre part, le fait que les nombreux délégués hongrois adhérèrent complètement à cette manière de voir, nous surprit d'autant plus.

A notre joie, nous pûmes nous convaincre le lendemain, à l'occasion d'un entretien de plusieurs heures que nous eûmes avec ses chefs dans les bureaux de l'Union des coopératives de consommation, la *Hangya*, que les coopérateurs hongrois sont aussi dominés, dans la pratique, par les idées qu'ils applaudirent pendant les délibérations du Congrès.

Nous pûmes nous rendre compte que l'Union susmentionnée fait une propagande méthodique, très intensive et couronnée de succès, afin de couvrir la Hongrie d'un réseau serré de coopératives.

Nous trouvâmes en outre une organisation centrale d'achats en gros en plein développement, dont le débit, après 5 ans d'activité, atteint presque l'importance de notre bureau central d'achats et d'où les coopératives hongroises adhérentes font venir presque tout ce dont elles ont besoin.

Nous trouvâmes enfin des coopérateurs travaillant avec zéle, à organiser puissamment la consommation du peuple, organisation qui, selon eux (et c'est aussi notre idée), doit améliorer la situation économique et sociale du peuple, augmenter sa liberté et son indépendance.

Aussi, lorsque nous quittâmes le bâtiment de la *Hangya*, nous emportâmes la conviction de posséder dans la métropole du pays hongrois des amis travaillant d'après les mêmes principes que nous et poursuivant les mêmes buts.

⁂

Il a fallu passablement de temps à l'Alliance coopérative internationale pour formuler une idée directrice claire

et nette et pour choisir une base d'action sûre et solide. —
Elle l'a enfin adoptée à Budapest et nous espérons bien
qu'elle saura s'y tenir fermement désormais.

Si oui, personne n'a à concevoir de craintes au sujet de
son avenir, puisque les meilleures énergies des coopératives de tous les pays ont décidé de lutter avec enthou-
siasme et dévouement sous sa bannière personnifiant :
l'accord des peuples et la fraternité des hommes.

V

Les débats sur l'intervention de l'Etat. — L'exposé et les résolutions du comte de Rocquigny. — Un débat sans résultat. — Rapports entre l'Etat et les coopératives. — Identité de la conception démocratique et de la conception coopérative.

Le second jour du Congrès avait été réservé aux débats
relatifs à la subvention des coopératives par l'Etat.

Dans l'ordre du jour officiel du Congrès on avait rédigé
la question d'une façon beaucoup plus large ; elle était
conçue en ces termes :

*Le devoir de l'Etat envers les coopératives : doit-il les
aider ou pas? si oui, de quelle manière ?*

Le comte de Rocquigny, coopérateur français, avait été
chargé de présenter au Congrès le rapport sur la question.
Le rapporteur a rendu depuis plusieurs années de grands
services au mouvement coopératif agricole en France, soit
pratiquement, soit en matière de propagande.

Il a écrit, entre autres, un ouvrage très instructif sur les
syndicats agricoles en France.

Connaissant à merveille le mouvement coopératif agricole
en France et dans d'autres pays, il était en mesure de présenter, dans son rapport au Congrès, une vue d'ensemble
très bien documentée sur la façon dont l'Etat s'y prend
pour encourager et subventionner les différentes sortes de
coopératives dans les divers pays.

Son point de vue personnel est qu'il faut accepter la subvention de l'Etat sous certaines conditions.

La résolution dans laquelle étaient formulées ces conditions et qui résumait le rapport du comte Rocquigny, était
conçue en ces termes :

« Le Congrès est d'avis qu'étant donnée l'importance
sociale des coopératives, il est utile que l'Etat intervienne
modérément dans le mouvement coopératif dans les pays où
l'initiative privée ne suffit pas pour créer et développer les
coopératives ».

Cependant, selon lui, l'ingérence de l'Etat doit être soumise aux conditions suivantes :

1° Elle ne doit pas léser des intérêts dignes d'être pris en considération.

2° Elle ne doit pas prendre le caractère d'une aide définitive, de nature à empêcher la coopération de développer elle-même ses forces propres.

Elle doit cesser dès que les coopératives sont suffisamment fortes pour subsister par elles-mêmes sans le secours de l'Etat.

3° Elle doit encourager l'initiative privée et la seconder, sans vouloir essayer de la remplacer ; elle doit sauvegarder l'autonomie des coopératives et observer certaines réserves dans la pratique et ne pas, par exemple, être subordonnée à des considérations politiques. »

Mais plus tard, le comte Rocquigny soumit au Congrès un ordre du jour différent dans la forme et dans le fond et conçu en ces termes :

« Le 6ᵉ Congrès de l'Alliance Coopérative Internationale, considérant qu'en vertu d'un principe généralement admis : l'organisation des coopératives doit reposer sur les bases de l'initiative privée et de la solidarité, mais considérant d'autre part, que dans certains pays l'ingérence de l'Etat a puissamment contribué au développement des coopératives là où elles n'auraient pu se créer sans secours, déclare :

1° En considération de leur importance sociale, les coopératives ont droit, dans tous les pays, à la bienveillance des autorités ;

2° Dans les différents pays où le secours de l'Etat, sous la forme de subventions ou d'avances (prêts), est indispensable pour le développement des coopératives, il ne doit constituer qu'une aide passagère et ne jamais porter préjudice à leur administration autonome ».

Le tempérament apporté par le rapporteur à l'expression primitive de son point de vue est idû, nous semble-t-il, au désir du comte Rocquigny de ne pas compromettre dès l'abord la chance de voir admettre ses vues par le Congrès.

Voici les arguments principaux que le comte Rocquigny présenta pour défendre son point de vue :

Bien qu'il soit vrai en théorie, que les coopératives ne doivent compter que sur l'activité propre et la solidarité de leurs membres et doivent par conséquent repousser toute ingérence de l'Etat dans leurs affaires, il n'en est pas moins vrai qu'en pratique, on ne peut pas suivre à la lettre ce principe, si l'on veut obtenir des succès et constater des progrès. Nous ne vivons pas dans un monde idéal, où la vertu d'un principe reconnu produit, par elle-même, toutes ses bienfaisantes conséquences.

Dans beaucoup de pays, l'initiative privée n'est pas encore assez développée dans l'esprit de la population pour que le mouvement coopératif y prenne solidement racine. C'est pourquoi, dans ces contrées, le secours de l'Etat est indispensable, sous forme de subventions pécuniaires.

Du reste, l'Etat a une obligation morale dans ce domaine.

Le progrès de la civilisation, la diffusion des idées de justice, d'humanité et de solidarité, imposent à l'Etat de nouvelles obligations, dans l'intérêt de la protection des classes laborieuses.

Ne voyons-nous pas les Parlements aborder les uns après les autres l'étude de lois sociales et élaborer des lois sur l'assurance contre les accidents, la vieillesse et la maladie? Un devoir semblable incombe à l'Etat en matière de coopération, si l'on ne veut pas la considérer seulement comme une arme économique, mais aussi comme un moyen admirable d'éducation et d'émancipation pour le peuple, afin d'élever son niveau moral et matériel.

L'Etat moderne ne peut pas rester impassible vis-à-vis du développement des coopératives. Car il est de son devoir de favoriser l'ascension des classes laborieuses à un niveau supérieur de civilisation et de bien-être. Et la coopérative avec sa devise *Un pour tous, tous pour un*, n'est-elle pas admirablement propre à répandre l'esprit de solidarité sociale?

A la place de l'individualisme égoïste, elle met l'altruisme humain et charitable qui a pour but l'amélioration des rapports sociaux et l'adoucissement de la misère humaine.

Cela ne suffit-il pas pour imposer à l'Etat l'obligation morale de collaborer au développement du mouvement coopératif?

Après avoir par là reconnu le droit exprès des coopératives à l'aide de l'Etat, le rapporteur examina dans quelle mesure celle-ci devait se manifester.

En premier lieu, il ne faut pas, selon lui, porter atteinte au principe de l'égalité des citoyens devant la loi. Si la protection que l'Etat accorde aux coopératives devait aboutir à léser certaines professions, certaines branches du commerce et de l'industrie, il en résulterait que le principe de la protection égale pour tous serait compromis. Pour cette raison, M. de Rocquigny conseille aux coopératives de consommation de ne pas réclamer l'aide de l'Etat.

Par leur union, dit-il, elles doivent se suffire à elles-mêmes, sans le secours de l'Etat.

Voici, eu égard aux limites fixées à son intervention, les mesures que l'Etat doit prendre:

1° Élaboration de bonnes lois, conformes à la nature et aux buts des coopératives de façon à réduire les charges que le droit commun impose aux entreprises poursuivant un but de lucre;

2° Encouragement de l'éducation coopérative. L'Etat doit faire pénétrer l'idée coopérative dans l'éducation nationale, introduire dans les écoles l'enseignement du système coopératif, afin d'apprendre à la jeune génération quel moyen admirable et excellent constitue l'Association coopérative pour élever le niveau moral et matériel du peuple;

3° Admettre à concourir les coopératives lors des soumissions de travaux publics et de livraisons à l'Etat;

4° Accorder des subventions, des primes et des prêts aux coopératives, afin d'en encourager la création et de faciliter leur développement.

Le rapporteur recommande tout particulièrement cette dernière forme de secours de l'Etat pour les coopératives de production, de crédit et d'assurance.

« Sans un tel secours, plusieurs coopératives, aujourd'hui florissantes, ne se seraient jamais fondées et ainsi, que de bonnes volontés auraient été paralysées. »

Pour le prouver, le comte de Rocquigny décrit les résultats obtenus dans les différents pays, au moyen de l'intervention de l'Etat; toutefois, sans présenter une enquête critique permettant de se rendre compte si le secours de l'Etat n'a pas aussi ses mauvais côtés et ne crée pas des inconvénients aux coopératives.

Dans ses considérations finales, le rapporteur avoua pourtant que « très souvent l'abus coudoyait de très près le bienfait » et que d'autre part l'ingérence de l'Etat avait toujours des inconvénients qu'on ne pouvait pas nier, ainsi par exemple, celui de provoquer l'immixtion de la politique dans le mouvement coopératif. En outre, il y a aussi à redouter le *favoritisme*, qui avantage les uns au détriment des autres, selon qu'ils sont bien ou mal notés en haut lieu.

Enfin, il peut arriver que les secours de l'Etat affaiblissent le sentiment de responsabilité personnelle et que les chefs des coopératives soient tentés d'agir à la légère avec des capitaux obtenus trop facilement.

Malgré tout cependant, le comte de Rocquigny estime que dans une intervention modérée de l'Etat, le bien l'emporte sur le mal, et que ses effets peuvent être très utiles; si en particulier, on ne perd pas de vue qu'elle ne doit être que passagère et se manifester seulement dans le premier stade de développement des coopératives.

Une discussion longue et très animée suivit le rapport dont nous venons d'indiquer très en résumé les points principaux. La lutte des opinions divergentes dura plusieurs heures; environ 24 orateurs prirent la parole pour discuter si les coopératives devaient réclamer l'assistance de l'Etat ou si cette assistance était incompatible avec leur nature. Comme le compte rendu de la discussion et des votes des différents délégués nous entraînerait trop loin, nous nous bornons à dire ici que les délégués russes et ceux de tous les groupes français approuvèrent les déclarations du rapporteur, ainsi que les délégués des associations coopératives d'Autriche et la grande majorité des délégués hongrois.

Par contre, repoussèrent absolument toute espèce de secours de l'Etat les coopérateurs hongrois, allemands et autrichiens de la tendance Schulze-Delitzsch, puis les coopérateurs de consommation allemands, ainsi que la majorité de leurs confrères du Royaume-Uni, enfin les représentants de l'*Unione Cooperativa* de Milan qui étaient les seuls délégués italiens au Congrès.

Les délégués danois et suisses, ainsi que M. William Maxwell, seul d'entre les délégués d'Angleterre et d'Ecosse, se placèrent à un point de vue intermédiaire

Etant donnée la diversité des opinions, ni la résolution du comte de Rocquigny, ni celle présentée par le Dr Crüger dans le cours des débats, dans laquelle il se déclarait partisan résolu de l'effort personnel et de l'initiative individuelle, et refusait tout secours financier de l'Etat, ne pouvaient réunir une majorité imposante.

— Il était donc tout indiqué de passer à l'ordre du jour sans prendre position pour ou contre les différentes résolutions proposées et de laisser ainsi la question ouverte.

Un ordre du jour dans ce sens, proposé par le Dr Crüger, fut en définitive accepté à une grande majorité.

Ainsi, au contraire du débat du jour précédent, celui-ci n'aboutit à aucun résultat. Néanmoins, il nous paraît bon de présenter encore quelques observations à ce sujet, d'autant plus que, étant donnée l'heure déjà très avancée, il fut impossible à M. le professeur Dr Schær, qui prit part au débat en qualité de délégué suisse, d'exposer en détail la conception des coopérateurs suisses relativement aux rapports de l'Etat et des coopératives.

Tout d'abord, nous nous permettons de dire ici, qu'il est impossible de trancher partout de la même façon la question complexe des rapports de l'Etat et des coopératives, rapports dépendant intimement des conditions historiques propres et d'ériger en principe absolu *l'initiative individuelle ou l'effort personnel accordé par l'aide de l'Etat.*

Ce serait, à notre avis, donner une solution superficielle et peu concluante à une question très complexe.

En outre, il faut s'entendre sur ce qu'on appelle : *initiative individuelle et aide de l'Etat.*

Lorsque nous parlons d'initiative individuelle en tant que coopérateurs et que nous en faisons le principe de notre activité, nous entendons par là *l'action collective* d'un certain nombre de citoyens et de citoyennes employant les moyens mis à leur disposition et garantis par le *droit d'association moderne.*

A notre avis, cette action collective n'est pas seulement en opposition avec l'action de l'Etat et de ses autorités, mais aussi avec les actions individuelles d'un ou de plusieurs individus (en tant qu'homme privé). Par exemple, quand un certain nombre de capitalistes fondent une société pour exploiter un commerce ou une industrie, cela ne constitue pas une initiative individuelle coopérative.

Mais, d'après la conception des coopérateurs individualistes tendance Schulze-Delitzsch, que deux ou trois citoyens fondent ensemble un commerce d'épicerie ou une entreprise de construction, ou bien au contraire que 20 ou 30 pères de familles s'unissent pour créer une société de consommation ou une coopérative de construction, il n'en résulte pas pour eux une différence essentielle.

: La différence réside seulement pour eux dans le nombre plus ou moins grand de personnes ayant pris part à la fondation de coopératives. — Au fond, quant à la nature même de la chose, il n'y a là rien autre qu'une forme de *prévoyance* (Selbsthilfe).

D'après cette conception, toute espèce de coopération basée sur la prévoyance (Self-Helf) rentre dans la sphère des affaires privées des citoyens dont l'Etat n'a pas à s'occuper, vu que son immixtion dans de telles affaires est absolument inadmissible et même nuisible.

En effet. les citoyens comprennent leurs propres intérêts infiniment mieux que l'Etat et savent aussi beaucoup mieux les défendre que lui.

Il en résulte que les coopérateurs désirent que l'Etat reste à l'écart du mouvement coopératif et se contente de modifier en sa faveur les prescriptions du droit privé commun, de façon à faciliter les rapports de droit relevant du droit sur les Associations.

Les partisans de cette sorte de prévoyance (Selbsthilfe) contestent que l'Etat ait un intérêt quelconque à s'occuper des créations de la coopérative ; c'est, entre autres, la raison pour laquelle Schulze Delitzsch lutta énergiquement contre la surveillance officielle et la revision légale des coopératives poursuivies par la législation allemande sur les associations.

Quant à nous, cette conception de la *prévoyance coopérative* nous semble erronée, arriérée, et par conséquent devoir être modifiée.

Il est exact, du moins, jusqu'à un certain point, que les coopératives doivent leur création à l'initiative privée. Mais il arrive très fréquemment que l'initiative privée est à son tour encouragée et soutenue par les organes des *Unions coopératives*.

Lorsque des partisans de la coopération veulent fonder une coopérative, ils sont la plupart du temps encouragés, conseillés, appuyés par l'assistance et l'intervention d'une Union coopérative. Assurément, cette aide constitue une *assistance coopérative*, mais dès qu'elle se manifeste, la pure prévoyance individuelle fait défaut; de même que lorsque c'est l'Etat qui accorde lui-même son assistance et ses subventions.

D'autre part, il faut distinguer la forme la plus pure de la *prévoyance coopérative* qui se manifeste dans la création et la conduite d'une coopérative véritable, de la prévoyance *individuelle* ou *collective* qu'on rencontre dans la fondation et la direction d'une entreprise privée ou dans une société anonyme. — Le facteur distinctif essentiel repose *dans la différence fondamentale des buts poursuivis*. Le but des entreprises privées proprement dites, même lorsqu'elles revêtent la forme déguisée d'une coopérative, consiste dans la recherche d'*intérêts personnels*, sous la forme du *gain* ou du *profit*; au contraire, le but des véritables coopératives poursuit la défense et la réalisation non pas des intérêts particuliers, mais bien des *intérêts généraux du public*.

Cette différence essentielle et capitale dans les buts poursuivis se manifeste extérieurement en ceci : dans les entreprises d'intérêts privés, le nombre des participants est *toujours restreint*, tandis que dans toute véritable association coopérative, chacun peut en faire partie, de telle sorte qu'en principe le nombre des participants en est *illimité*.

Il résulte de cette différence essentielle que nécessairement les rapports juridiques de ces deux manifestations de l'esprit d'association vis-à-vis de l'Etat doivent différer.

Et s'il est exact que les buts poursuivis par la coopération reposent sur les intérêts généraux du plus grand nombre et de l'Etat lui-même (et quel est le coopérateur qui pourrait le contester ?), il s'ensuit logiquement que *l'activité coopérative et l'activité de l'Etat sont dans un rapport intime.*

Les organes de l'Etat et les coopératives ont, pour ainsi dire, le même champ d'action, qui est le champ des intérêts publics. Les deux, bien qu'absolument indépendants l'un de l'autre et avec des moyens différents, tendent au même but : *ils veulent augmenter le bien-être du peuple et sa prospérité, élever son niveau intellectuel et moral et réaliser dans la vie de la nation les idéals du droit et de la justice.*

La différence principale qui existe entre l'activité de l'Etat et l'activité coopérative consiste en ce que la première est obligatoire et réglée par les lois, tandis que la seconde est *facultative*, mais le but et la nature de la tâche à accomplir sont identiques pour les deux.

Nous allons encore plus loin et avouons que, selon nous, l'état démocratique, reposant sur des principes de liberté et d'égalité de tous les citoyens, se prête admirablement à la coopération et spécialement à la coopération de consommation. Il est basé, en effet, sur la solidarité des intérêts des citoyens qui le composent, de même que la coopérative de consommation repose sur la solidarité des intérêts de ses membres. Et dans l'un comme dans l'autre cas, ce sont les intérêts identiques des consommateurs qui ont formé et qui soutiennent la communauté juridique et coopérative.

L'état constitutionnel démocratique satisfait les besoins du citoyen en matière de sécurité personnelle, de protection de ses biens, de moyens de communication faciles et rapides, de développement intellectuel, professionnel et moral, et de beaucoup d'autres choses qui rentrent dans la compétence de l'Etat.

La coopérative de consommation de son côté satisfait également les besoins de ses membres en fait d'articles de consommation (denrées alimentaires) de bonne qualité et à bon marché et rend impossible leur lésion et leur exploitation en matière économique.

Les principes généraux d'administration sont aussi identiques dans l'état démocratique et dans les coopératives.

Ici comme là, ce sont les citoyens ou les sociétaires qui sont la dernière instance et qui nomment directement ou en deuxième instance, les autorités supérieures et les directeurs qui exécutent la volonté de la majorité.

Ici comme là, on procède suivant le principe que le citoyen

ou le sociétaire ne doit pas payer plus que le prix de revient des services vendus ou des denrées alimentaires fournies. Ici comme là, l'administration financière est absolument publique, c'est-à-dire que le ménage de l'Etat et le ménage coopératif sont soumis également au contrôle de tous les intéressés.

On peut donc dire que la conception démocratique de l'Etat n'est rien autre que la conception coopérative traduite, réalisée en politique, et inversement, que la conception coopérative est l'idée démocratique réalisée dans le domaine économique. Autrement dit : *la coopération est la démocratie économique et l'Etat démocratique est l'association coopérative politique d'un Etat.* A ce point de vue, la comparaison entre la constitution démocratique (par exemple celle du canton de Bâle-Ville) et la constitution de la *Société générale de consommation* (*Allgemeiner Konsum Verein*) est extrêmement intéressante et instructive (1).

Si l'on se place à ce point de vue, la question des devoirs de l'Etat vis-à-vis des coopératives et de l'assistance à leur accorder, prend un tout autre aspect.

Nous ne voyons pas pourquoi l'Etat, plus puissant et plus ancien, ne devrait pas aider la Coopération, sa jeune sœur, encore faible souvent, lorsque ses propres forces ne suffisent pas encore à sa tâche? N'accomplirait-il pas en cela un devoir fraternel tout à fait naturel?

Nous n'entrevoyons pas les raisons qu'on pourrait invoquer pour nier ce devoir.

Quant à nous, *rien ne nous semble plus naturel que la subvention des coopératives par l'Etat.*

Et si, malgré tout, nous nous mettons encore aujourd'hui dans les rangs des coopérateurs qui ne veulent pas demander de subvention à l'Etat, la raison en est dans la parole du poète si vraie :

« Les idées font bon ménage tandis que les faits se heurtent, durement. »

D'autre part, nous ne nous dissimulons pas que ce que nous venons de dire de l'Etat et de ses devoirs constitue une abstraction théorique qui n'est réalisée dans la pratique que d'une façon encore très imparfaite.

L'Etat, cette noble personnification du droit, de la liberté des citoyens et de leur bien-être, est souvent en pratique un écorcheur perfide, un tyran brutal et un exploiteur sans conscience du peuple.

Le fait que l'Etat repose encore presque partout, non pas sur les intérêts solidaires de tous les citoyens, mais se fait le défenseur des intérêts de quelques classes sociales puissantes économiquement, hostiles aux intérêts de la grande masse du peuple, contribue (même dans une démocratie avancée comme la Confédération suisse) à lui donner

---

(1) La similitude des deux constitutions saute aux yeux dès l'abord.

sous plusieurs rapports, les caractères d'un Etat formé de classes distinctes.

Nulle part, en effet, on n'a pu encore réaliser complètement jusqu'ici l'*Etat démocratique intégral* où n'existe aucune prédominance de classes quelconque.

Dans l'organisation économique actuelle, ce sont les classes capitalistes qui aujourd'hui ont la prépondérance dans l'Etat et s'en servent dans leur intérêt, c'est-à-dire pour le maintien de leurs privilèges économiques. Et comme les coopératives, par leur action économique puissante, ébranlent les bases de la puissance capitaliste, il est logique que l'Etat ne considère pas la coopérative comme une jeune sœur qu'il doit aider, mais plutôt comme un rival dangereux, comme une ennemie qu'il voudrait écraser et non pas voir prospérer.

En réalité, le *coopératisme* doit fréquemment à l'heure actuelle se défendre contre les mesures vexatoires de l'Etat, et il serait très satisfait si l'Etat le laissait travailler tranquillement à son développement et mettre en œuvre ses énergies, au lieu de les entraver.

Quoi qu'il en soit, les coopératives commettraient à notre avis, une erreur en faisant preuve pour cela d'une animosité doctrinaire vis-à-vis de l'Etat; il vaudrait mieux pour elles, de faire tous leurs efforts afin d'entretenir avec l'Etat les meilleures relations possibles.

Elles peuvent le faire sans léser leurs droits le moins du monde et sans porter atteinte à leur dignité; car au fond, l'Etat et les coopératives ont la même vocation : travailler aux intérêts généraux du peuple et augmenter son bien-être.

Les coopérateurs de chaque pays doivent donc s'entendre eux-mêmes sur l'attitude à prendre vis-à-vis de leur propre gouvernement; car il est impossible à un Congrès coopératif international de poser des règles générales à ce sujet. En effet, les hypothèses pour la résolution de cette importante question (rapports de l'Etat et des coopératives) varient suivant chaque pays. selon son développement politique et coopératif.

.On peut concevoir le cas d'un pays à constitution monarchique où la politique de l'Etat n'est pas dominée par les intérêts capitalistes et dont les hommes d'Etat sont assez perspicaces pour apprécier à sa juste valeur l'importance sociale du mouvement coopératif. Pourquoi, dans ce cas, les coopérateurs repousseraient-ils l'assistance de l'Etat? L'Etat, en ce cas, peut-il mieux faire que d'encourager ses citoyens à améliorer leur situation économique ?

Mais on peut aussi concevoir le cas d'un Etat démocratique où les intérêts de classe ont presque totalement disparu et possédant des organisations coopératives puissantes, englobant la grande majorité du peuple. Pourquoi, dans ce cas, l'Etat ne prêterait-il pas sa caution pour les emprunts des coopératives, en cas de nécessité ?

Est-ce que la forme de *prévoyance collective* que le peuple se donne dans l'Etat démocratique, n'est pas en quelque

— 48 —

sorte identique à la forme de prévoyance collective qu'on rencontre dans la coopération ? (1).

En Allemagne, par exemple, les établissements publics d'assurances ouvrières ont prêté plusieurs millions, à bas intérêt, aux coopératives de construction et d'habitation, les mettant par là en mesure de construire des habitations saines et à bon marché pour loger des milliers de familles d'employés subalternes et d'ouvriers, augmentant de cette façon leur bonheur et leur bien-être.

Quel coopérateur pourrait à bon droit combattre ce genre d'assistance de l'Etat en avançant des arguments de principe?

Nous n'avons pas donné ces divers exemples pour plaider en faveur de l'assistance des coopératives par l'Etat, mais seulement pour mettre en relief l'inconsistance du *doctrinarisme coopératif*, qui a la prétention de pétrifier à tout jamais dans une formule unique (*Self-Helf*, aide-toi, toi-même), l'attitude que la coopération doit prendre et garder dans ses rapports avec l'Etat. — Bien que nous repoussions pour notre part ce doctrinalisme individualiste, qui est une relique de la doctrine de Manchester, nous restons très sceptique en ce qui concerne la subvention des coopératives par l'Etat. Nos raisons ne reposent pas sur un principe rigide, mais sur des considérations pratiques et tactiques qui nous sont inspirées par les circonstances actuelles et dont nous voulons dire encore quelques mots.

Nous autres coopérateurs, sommes aussi en même temps des citoyens et comme tels, nous sommes appelés à prendre parti dans les questions de la vie publique et de la politique.

Or, de nos jours, la politique consiste principalement en conflits d'intérêts économiques divergents, et dans la lutte des partis qui tâchent d'enrichir leurs partisans et de les favoriser — aux dépens de la généralité des citoyens. Dans tous les pays, une grande partie des recettes de l'Etat sert à défendre et à développer les intérêts particuliers de certaines classes, tandis qu'on n'en réserve qu'une petite part pour les dépenses d'intérêt général. Partout la *chasse aux subventions* est à l'ordre du jour. Comment donc le coopérateur pourra-t-il, en tant que citoyen, combattre cette sorte d'abus, plaie inquiétante, s'il réclame en tant que coopérateur, l'assistance de l'Etat ?

A la vérité, il aurait davantage le droit de la réclamer que les autres ; mais s'il veut pouvoir combattre énergiquement le subventionnement des intérêts particuliers, il ne faut pas qu'il ait l'air de réclamer une subvention de l'Etat pour les coopératives, sous n'importe quelle forme.

Du reste, la plupart du temps cela n'est pas nécessaire.

Le fait que les coopératives organisent et incorporent les intérêts solidaires et généraux du peuple, leur donne une puissance suffisante et procure à leur crédit une base suffi-

----

(1) En vérité, nous sommes persuadé qu'à l'avenir ce seront plutôt les coopératives qui seront en mesure d'aider l'Etat à se libérer de la servitude capitaliste.

samment solide. D'autre part, si elles sont inspirées par un véritable *esprit coopératif*, si elles ont à leur tête des hommes intelligents, habiles et intègres, elles peuvent très bien se passer de subventions et du crédit de l'Etat. — Si tout cela leur manque, l'assistance de l'Etat la plus étendue ne suffira pas à les faire prospérer. La lutte opiniâtre que les coopératives doivent soutenir le plus souvent durant les premiers temps de leur existence, constitue une condition indispensable de leur prospérité future. — L'esprit coopératif est un produit de la lutte et de la nécessité : il se fortifie également par la lutte et s'enracine alors si profondément dans les entrailles du peuple qu'aucune tourmente ne peut l'en extirper. Au contraire, il arrive très souvent que les faveurs officielles tuent l'esprit coopératif, car il se concilie mal avec les intrigues politiques qui sont indispensables pour accaparer la bienveillance des hommes d'Etat influents. Il n'y a donc rien d'étonnant que les résultats obtenus au moyen des subventions de l'Etat, ne soient pas, en ce qui concerne la coopération en général, en rapport avec l'argent employé pour cela.

Dans tous les cas, l'esprit inné d'indépendance du peuple et son sens inflexible de l'équité, ainsi que la conscience de sa propre force, constituent une garantie infiniment plus précieuse pour le développement de la coopération que l'assistance de l'Etat la mieux organisée qu'on puisse concevoir dans les circonstances actuelles.

Assurément, nous sommes persuadé que le jour viendra où l'Etat et la coopération travailleront ensemble pour le bien du peuple entier et pour sa liberté ; mais pour cela, il faudra que l'Etat se démocratise encore beaucoup et que l'influence des éléments coopératifs augmente considérablement. Jusqu'à ce moment, il faudra que la coopération montre à l'Etat qu'elle est capable de développer sa puissance et d'imposer sa domination par ses propres forces.

Nous concluons donc : que le coopérateur ne doit pas s'avouer résolument partisan ou ennemi convaincu de l'assistance de l'Etat, mais que la question doit être résolue selon les cas donnés et les circonstances particulières.

Si la discussion du Congrès de Budapest relative à cette question a contribué à répandre cette opinion, nous croyons qu'elle n'aura pas été inutile.

VI

**Le 3ᵉ et dernier jour du Congrès. — Le banquet.
— Toast du premier ministre à l'idée coopérative. — L'exode de M. le Dʳ Crüger et de ses
partisans. — Les élections et les dernières délibérations. — Discours de clôture du comte
Mailath.**

Lorsque les participants au Congrès se réunirent le
matin du 8 septembre dans la salle du *Kozelek* pour la
dernière séance, on pouvait se rendre compte que l'assemblée manifestait une certaine impatience et un certain relâ-
chement. Les longues délibérations des séances précédentes
avaient déjà passablement mis à contribution les forces
intellectuelles des délégués.

En outre, les après-midi et les soirées étaient consacrés
à visiter des installations coopératives ou à des réunions
familières et réceptions. Précisément le soir précédent avait
eu lieu, sur l'île Marguerite, le banquet officiel qui fut très
animé. On y remarquait la présence d'un grand nombre de
hauts fonctionnaires et parmi eux se trouvait le comte
Stefan Tisza, président du conseil des ministres hongrois
qui porta un toast à l'idée coopérative. Comme jusqu'ici
elle n'a pas encore été célébrée par un homme d'Etat occupant une situation éminente, nous donnons ici le texte
complet du discours du comte Tisza.

« Permettez que je vous remercie de votre hospitalité et
de l'amabilité avec laquelle vous m'avez reçu et de saluer
les hôtes étrangers accourus ici pour servir avec nous la
cause coopérative.

« Je puis vous assurer que le gouvernement suit avec la
plus grande attention, le développement du mouvement
coopératif. Votre but est d'éviter les dangers qui sont la
conséquence de la liberté illimitée dans la vie économique,
au moyen de l'Union des humbles, auxquels les coopératives
ne procurent pas seulement les moyens d'améliorer leur
situation matérielle, mais aussi la base nécessaire à leur
développement intellectuel et moral. Cependant, je me per-
mets de vous mettre en garde d'identifier votre cause avec
tout ce qu'on comprend sous le grand nom de *coopération*.

« Votre but véritable consiste dans la sauvegarde des intérêts des gens de condition modeste ; *protégez-les, non pas
contre la liberté, contre le progrès, mais en vous inspirant
de l'idée de progrès. Le but véritable des coopérateurs est*

l'émancipation économique, la liberté, la paix sociale. C'est pourquoi je vous invite à boire au succès de ces idées nobles et belles ».

Les toasts se succédèrent, dans une suite variée, jusqu'à la fin du banquet qui dura jusqu'à 10 heures passées, et lorsque les participants sortirent de la salle du banquet où ils étaient restés plus de trois heures pour aller prendre l'air, ils se laissèrent aller, par une soirée admirable et douce avec un ciel constellé d'étoiles, à continuer la fête dans les magnifiques jardins de l'île Marguerite.

Elle se prolongea très tard grâce à l'inépuisable hospitalité et à l'amabilité des coopérateurs hongrois, et peut-être aussi grâce au généreux vin hongrois qui incitait toujours à de nouveaux bavardages.

Les délégués suisses furent incapables de résister aux attraits d'une réunion coopérative aussi agréable et oublièrent comme les autres, qu'ils devaient le lendemain matin prendre part à l'importante séance de clôture du Congrès.

Voilà pourquoi le lendemain, comme nous venons de le dire, on pouvait facilement se rendre compte que le zèle et l'attention des délégués avaient beaucoup fléchi.

Tout d'abord, il y eut une surprise. Le président annonça que M. le Dr Crüger, ainsi que tous les autres délégués de l'Union allemande et autrichienne des coopératives Schulze-Delitzsch, avaient décidé de renoncer à prendre part à la suite des délibérations du Congrès et étaient déjà sur le chemin du retour. On chuchota aussitôt que la cause déterminante de cet incident devait être recherchée dans le fait qu'aucun toast n'avait été porté au banquet en l'honneur de M. le Dr Crüger et des coopérateurs allemands de sa tendance. Et en réalité, M. le Dr Crüger trouva bon de confirmer plus tard, dans ses *Bällter für Genossenschaf-tswesen*, qu'il avait attaché une grande importance à cette omission.

Nous ne voulons pas perdre notre temps à discuter ici si, étant données les circonstances, il eût fallu par politesse porter un toast à M. le Dr Crüger et aux représentants du mouvement coopératif des classes moyennes — bien que nous eûmes regretté pour notre part que plusieurs discours du banquet aient constitué une glorification de personnalités isolées. Toutefois, dans l'intérêt de l'exactitude, nous devons ajouter que M. le Dr Crüger et ses compagnons avaient d'autres motifs plus sérieux pour quitter le Congrès et, selon les propres termes du Dr Crüger, que nous avons trouvés dans son journal : « il est très probable que même sans cela, on en serait arrivé à une rupture définitive des relations ».

M. le Dr Crüger se rendit bien compte qu'il n'était pas possible de mettre en scène un second *Kreuznach* dans le sein de l'Alliance coopérative internationale et que les représentants du mouvement coopératif poursuivant un but de réforme sociale, acquerraient avec le temps toujours plus d'influence. S'il était resté, la tendance représentée par lui aurait succombé encore une fois dans la dernière séance du Congrès, lors de l'élection du Comité central de l'Alliance coopérative internationale.

Des divergences d'opinion regrettables s'étaient déjà manifestées à cette occasion lors de la séance du Comité central, qui eut lieu immédiatement avant l'ouverture du Congrès.

Dans cette séance, M. Henri Kaufmann avait réclamé le droit pour l'Union centrale des sociétés allemandes de consommation, d'obtenir deux représentants dans le Comité central de l'Alliance coopérative internationale à la place d'un seul comme jusqu'alors. Il motivait sa demande en disant que l'Union des coopératives Schulze-Delitzsch avait deux représentants dans le Comité central, et que, par conséquent, son Union avait aussi le droit d'en avoir deux.

Il n'y avait au fond aucun argument sérieux à opposer à cette demande, en sorte que les représentants de tous les pays dans le Comité central, à une seule exception près, étaient tout disposés à accorder sans autre forme à l'Allemagne un cinquième membre dans le Comité.

Le seul opposant était M. K. Wrabetz, avocat des coopératives autrichiennes. Il allégua qu'on ne pouvait mettre sur le même pied la nouvelle Union des Sociétés de consommation avec l'ancienne Union Générale, étant donné que la première ne datait que de deux ans et n'avait par conséquent pas rendu autant de services que l'ancienne Union de M. le Dr Crüger, qui avait plus de quarante ans d'existence. Nous avons à peine besoin de dire que ce curieux argument ne fit aucune impression.

Sur ces entrefaites, on avait fait savoir que M. Kaufmann avait l'intention de proposer comme deuxième représentant de l'Union allemande des Sociétés de consommation M. Henri Lorenz, l'un des chefs de la Société d'achats en gros de Hambourg.

En vérité, on ne pouvait faire aucune objection contre cette candidature, puisque la présence dans le Comité central de coopérateurs expérimentés, à la tête de grandes organisations économiques, ne peut être que précieuse. Mais, comme la Société allemande d'achats en gros a suscité le mécontentement du Dr Crüger, pour avoir engagé dans de nouvelles voies le mouvement coopératif allemand de consommation, il en résultait naturellement que M. Lorenz devait être auprès de lui *persona ingratissima*, du moins en tant que membre du Comité central. Néanmoins, l'élection de M. Lorenz eut lieu très facilement.

De même, l'élection des représentants des autres pays se passa sans contestation. Seule l'élection des représentants français donna lieu à des scènes orageuses. Finalement une entente se produisit et le président fut alors en mesure de proclamer les résultats suivants des élections :

Micha et Serwy (anciens), *Belgique* ;
Dr Alberti (ancien), H. Lorenz (nouveau), *Allemagne* ;
E. de Boyve, Ch. Gide, comte de Rocquigny, H. Ladousse (tous anciens), *France* ;

J.-C. Gray (ancien), Vivian (nouveau), *Grande-Bretagne* ;
Elias (ancien), *Hollande* ;
L. Luzzatti (ancien), L. Buffoli (nouveau), *Italie* ;
K. Wrabetz (ancien), A. Exner (nouveau), *Autriche* ;
Gerebiatieff (ancien), *Russie* ;
G.-H. von Koch (ancien), *Suède* ;
Dr H. Müller (ancien), *Suisse* ;
Comte Alexis Karolyi (ancien), *Hongrie* ;
James Rhodes (ancien), *Etats-Unis*, A. N.

Par ces élections, la tendance à évoluer vers la gauche,
qui s'était déjà manifestée en 1902 au Congrès de Manchester
s'est donc encore accentuée. En effet, l'élément des coopérateurs à tendance progressiste a été renforcé dans le
comité central par l'élection de MM. Buffoli, Lorenz et
Exner. Ce dernier est secrétaire de l'Union centrale des
sociétés de consommation autrichiennes, qui s'est constituée
peu avant le Congrès international. Cette fédération a été
la conséquence d'une scission des sociétés de consommation autrichiennes qui sont sorties de l'Union générale de
M. Wrabetz, comme deux ans auparavant les sociétés allemandes étaient sorties de l'Union du Dr Crüger.

Après les élections, le Congrès devait entendre encore
deux rapports, ce qu'il fit, bien que ses membres fussent
passablement à bout de forces, ce qui contribua sans doute
à réduire beaucoup le nombre des auditeurs.

M. H.-W. Wolff prit le premier la parole pour présenter
son rapport sur *la centralisation du crédit coopératif.*
Etant donné que l'exposé très compétent du rapporteur
traitait de choses sortant du domaine des coopératives de
consommation, nous n'en parlerons pas ici ; nous nous
bornerons à mentionner qu'après une discussion très calme
et peu importante, la proposition de M. Wolff fut votée,
recommandant chaudement la fondation de caisses coopératives centrales.

Ensuite suivit l'exposé de M. Duca, directeur du *Creditul
Agricul* roumain, sur *le développement imparfait du
mouvement coopératif dans l'Europe orientale, ses causes
et les moyens d'y remédier.*

Le rapporteur traita principalement de la situation en
Roumanie.

Il démontra que le mouvement coopératif s'était développé d'une façon réjouissante en Roumanie ces dernières
années : la preuve, c'est que tandis qu'il n'existait qu'une
seule banque populaire en 1891, il y en a actuellement
1.580. M. Duca parla ensuite de la situation agricole en
Roumanie et exposa la collaboration du gouvernement qui
n'est cependant pas si féconde que cela devrait être, parce
que *l'Institut central de crédit* n'est pas en mesure de se
rendre compte suffisamment de la solvabilité des débiteurs.
Il expliqua ensuite les raisons pour lesquelles le mouvement coopératif a de la peine à se développer. Il men-
tionna entre autres les intrigues politiques, l'ambition
individuelle excessive et l'usure très répandue et véritablement scadaleuse : « Je pourrais citer des cas, dit-il, où

elle s'élève jusqu'au 100 et même jusqu'au 150 p. o/o. »
Malgré tout, grâce aux efforts faits dans toutes les classes
de la société, on peut constater un réel progrès du mouvement coopératif en Roumanie, qui rencontre aussi de
chauds partisans dans le peuple.

Mais pour développer le système coopératif dans l'Europe
orientale, il serait indispensable que la direction de l'Alliance coopérative internationale se procurât des infor-
mations exactes dans le domaine coopératif, qui, recueillies
périodiquement, devraient être collationnées et publiées
selon un ordre systématique.

M. E. Parini (Italie) proposa d'inviter le Comité central
à user de son influence afin d'obtenir des coopératives des
pays où le mouvement coopératif est très développé qu'elles
prêtent leur appui moral et financier aux coopératives des
pays retardés en matière de coopération.

Cette proposition fut adoptée à l'unanimité.

Là-dessus, on vota la résolution suivante proposée par le
Comité central :

« Le sixième Congrès de l'Alliance coopérative internationale constatant qu'il serait désirable, en vue de l'extension
du mouvement coopératif, de recevoir des renseignements
et de faire de temps en temps des enquêtes sur l'état de la
coopération dans les pays retardés à ce point de vue, afin
que les pays plus avancés en ce domaine soient mieux en
mesure de les aider : invite les amis de la coopération dans
les pays où elle est encore peu développée, à entrer en relations suivies avec l'Alliance coopérative internationale et à
bien vouloir se charger de lui présenter des rapports pério-
diques sur l'état du mouvement coopératif dans leur pays
ou dans leur district. »

Le Congrès venait par là de terminer heureusement la
série de ses travaux.

Il avait accompli la lourde tâche qu'il s'était fixée et ses
membres pouvaient maintenant écouter avec satisfaction et
d'un cœur léger les discours qui devaient clôturer le dernier acte officiel du Congrès.

Le comte Mailath prit le premier la parole avec une maî-
trise admirable, prononçant un discours alternativement
en allemand, en français et en anglais, pour remercier les
participants de l'étranger de leur présence et de leur activité. Il célébra, d'une manière particulièrement cordiale et
dans un but manifeste de réconciliation, les mérites des
coopérateurs allemands et leur dévouement à la cause coopérative.

D'après le compte rendu d'un journal qui nous tomba
sous les yeux, le comte Mailath s'exprima en ces termes :

« Si nous avons résolu le problème consistant à améliorer
la condition matérielle et morale des classes laborieuses,
nous aurons alors rendu un grand service *à la véritable
démocratie*. Les classes supérieures de la société ne pourront
être véritablement heureuses que lorsque les injustices
vis-à-vis des humbles auront été supprimées. J'espère, pour
ma part, que nous autres, Hongrois, grâce à l'émulation
réciproque qui se manifestera dorénavant entre les repré-

sentants des différents pays, nous pourrons suivre les traces des nations occidentales plus avancées qui nous ont précéd s dans la vie coopérative, afin de préparer *un magnifique avenir de paix sociale.* »

Pour terminer, le comte Mailath, au milieu d'applaudissements prolongés, remercia l s coo érateurs étrangers d'avoir bien voulu apporter à Budapest le concours de leur science et de leurs expériences et leur exprima l'inoubliable reconnaissance de la Hongrie.

Enfin, le comte Karolyi adressa encore quelques paroles de remerciements aux délégués et clôtura ensuite le Congrès au milieu de vigoureux vivats poussés en l'honneur de son président.

L'après-midi eut lieu une excursion à Monor, par train spécial, afin de permettre aux participants d'y visiter les magasins de blé coopératifs. Le soir, l'auteur de ces lignes eut l'honneur de faire, au théâtre Urania, une conférence agrémentée de projections lumineuses devant de nom reux délégués au Congrès. Son but principal était de faire connaître aux coopérateurs hongrois cette méthode pratique et excellente de propagande coopérative.

VII

L'Exposition coopérative. — Le magasin hongrois idéal. — Participation de l'étranger. — Les résultats du Congrès. — Ses effets sur le mouvement coopératif dans l'Europe Orientale. — La mission civilisatrice des Congrès coopératifs internationaux.

Les lecteurs qui ont bien voulu nous suivre jusqu'ici, ont parcouru un long chemin en notre compagnie.

Nous arrivons pourtant à la fin de notre rapport, qui s'est étendu au courant de la plume, beaucoup plus que nous le pensions. Et pourtant un grand nombre de détails auraient encore mérité d'être décrits; ainsi avant tout, les installations coopératives qu'on fit visiter aimablement aux participants au Congrès, soit dans la capitale hongroise, soit dans les environs. Chacune de ces installations, mais spécialement la *Haugya* (Fourmi) (Union centrale des Sociétés de consommation hongroises), fournirait la matière à une longue description. Mais pour ne pas allonger notre rapport, nous nous bornerons dans ce dernier chapitre à consacrer quelques mots à l'Exposition coopérative et à résumer ensuite les résultats obtenus par le Congrès.

De même qu'aux précédents Congrès internationaux de

Paris (1900) et de Manchester (1902), on avait organisé aussi à Budapest une exposition coopérative internationale. Son but était de faire voir aux visiteurs des produits sortant des fabriques coopératives, et des représentations graphiques et figurées du mouvement coopératif dans les différents pays, ainsi que des publications littéraires et statistiques y relatives.

Ces expositions sont sans aucun doute d'un grand intérêt pour le coopérateur et constituent une mine inépuisable de renseignements. Nous sommes heureux de pouvoir constater ici que l'exposition coopérative de Budapest a rempli son rôle à merveille.

Elle eut lieu dans les magnifiques salles du musée des Arts industriels (*Ulloï-ut*), aménagées avec un luxe oriental et mises très gracieusement à la disposition des organisateurs par les autorités; l'arrangement, d'un goût exquis, était l'œuvre de M. le Dr J. Horvath et de M. le Dr Bernát. Assurément, cette exposition était bien moins étendue, spécialement en ce qui concerne la production, que celle de Manchester, à laquelle prirent part les deux Unions d'achats en gros de la Grande-Bretagne, ainsi qu'un grand nombre de coopératives de consommation et de production.

Il n'en est pas moins vrai que l'Exposition de Budapest nous a laissé une impression aussi vive que celle de Manchester. Elle se distinguait davantage par la finesse et l'originalité des objets exposés que par la quantité de ses produits et par son étendue.

Chaque visiteur pouvait se rendre compte que l'esprit d'association est aujourd'hui répandu partout et vivace dans toutes les parties de l'organisme économique.

La section hongroise, qui occupait au moins les 2/3 de l'Exposition, était la plus riche et la plus intéressante de toutes. La production la plus originale consistait en un magasin coopératif hongrois idéal, en cette « boutique » qui avait donné lieu aux critiques si acerbes d'un rédacteur du journal *Neues politisches Volksblatt*.

Pour animer le magasin, on y avait placé les figures, en grandeur naturelle, du débitant et de quelques consommateurs en costume national. Mais ce qui était encore plus caractéristique, c'était l'étagère qu'on y voyait, contenant une bibliothèque de 70 à 80 volumes, parmi lesquels se trouvaient des œuvres historiques et littéraires prêtées gratuitement aux sociétaires du magasin coopératif.

Les expositions de quelques coopératives horticoles et vinicoles offraient un aspect particulièrement agréable et, comme la dégustation était offerte gracieusement dans leurs locaux, une foule de délégués s'y pressait.

Dans les spacieuses salles latérales de l'exposition étaient exposés les produits d'un grand nombre de coopératives d'artisans. On y remarquait maints produits originaux de l'industrie hongroise tels que : des « attilas » fourrés et autres vêtements nationaux, des ustensiles de cuisine très originaux, des outils, d'énormes bottes imperméables, d'élégants souliers vernis, des meubles grossiers et des tables artistement plaquées, etc.

On avait réservé la plus belle partie de l'enceinte pour l'exposition des objets envoyés par les coopératives étrangères.

Les coopératives de Grande-Bretagne étaient représentées d'une façon particulièrement imposante : 20 grandes photographies des installations coopératives anglaises les plus belles et les plus importantes étaient réunies dans un cadre de bois artistement décoré.

Sur la large table qui se trouvait au pied, on remarquait plusieurs piles élevées de publications variées, éditées par la *Cooperative-Union* et les deux *Wholesale-Societies*, des brochures de propagande illustrées et de petits pamphlets.

Etant donnée la grande distance du lieu de l'exposition, les *Wholesales* s'étaient bornées à exposer une très petite collection de marchandises produites par elles, ce qui ne donnait qu'une bien faible idée de leur importance et de leur énorme puissance de production.

Sous ce rapport, les expositions des autres pays n'offraient que peu de choses à voir ou même rien du tout; par contre, la plupart avaient envoyé des publications littéraires ou statistiques. A ce point de vue, l'exposition du Luxembourg était particulièrement réussie; le mouvement coopératif de ce petit pays était représenté dans un grand atlas au moyen de tabelles transparentes, figurant d'une façon très ingénieuse ses progrès et son extension croissante.

A côté se trouvait l'exposition de l'*Union suisse*, comprenant, outre ses journaux, ses publications et ses jolis tableaux de propagande, quatre grandes tabelles avec représentations graphiques.

La première représentait le développement de nos sociétés adhérentes de 1895-1903, relativement à leur nombre, au nombre total de leurs membres et à leur débit, ce qui permettait aux visiteurs de se rendre compte du développement lent, mais continu, du mouvement coopératif suisse. La seconde représentait les débits mensuels de notre Bureau central d'achats de 1894 à juillet 1904. La troisième mettait en regard les débits annuels de l'Union des coopératives agricoles de la Suisse Orientale et ceux de l'Union Suisse des Sociétés de consommation. Enfin la quatrième tabelle, qui provoqua un grand intérêt, représentait graphiquement, à titre de comparaison, les débits des *Unions d'achats en gros* de Grande-Bretagne, d'Ecosse, d'Allemagne, du Danemark, de Belgique et de la Suisse, par rapport au chiffre de population de ces différents pays.

La supériorité énorme de l'organisation d'achats en gros des coopératives écossaises frappait, dès l'abord, ce qui causait un vif plaisir aux délégués écossais.

M. Young, délégué de la Boulangerie coopérative de Glasgow, écrivait à ce sujet au *Scottish Co-operator* :

« Les tabelles de la section suisse étaient particulièrement intéressantes et le docteur Müller provoqua un grand intérêt en attirant l'attention des délégués anglais sur les débits des différentes Unions d'achats en gros. Voici la proportion du débit par tête de population :

Suisse, 5 fr. 10;
Danemark, 11 fr. 10,
Angleterre, 15 fr. 10;
Ecosse, 37 fr. 10.

« Et il fallait voir comment les yeux de M. Maxwell brillaient d'orgueil écossais à la vue de ces chiffres si concluants. »

Pour résumer tout ce que nous avons dit sur le Congrès coopératif international de Budapest, nous n'hésitons pas à dire qu'il constitue un beau et complet succès pour l'Alliance coopérative internationale qui l'a organisé.

Tout d'abord, et nous mettons au premier rang ce résultat, le Congrès a *précisé clairement le but et les moyens du mouvement coopératif international*; il a montré à tous l'accord parfait de vues et d'opinions qui règne chez la grande majorité des coopérateurs des pays intéressés. Nous insistons d'autant plus sur ce fait, qu'on a déjà essayé de prouver le contraire.

En effet, dans son dépit bien compréhensible, mais qui n'en est pas moins aveugle, M. le Dʳ Crüger a écrit dans ses *Blætter für Genossenschaftswesen :*

« A l'avenir, il est très probable que seuls MM. le Dʳ Hans Müller, von Elm, Reinbach, Henri Kaufmann, ainsi que les comtes Rocquigny, Karolyi, Mailath et Széchényi, décideront de l'avenir du mouvement coopératif, dans le sein de l'Alliance coopérative internationale. »

Disons simplement que dans les prochains congrès coopératifs internationaux, il n'y aura plus besoin de s'occuper des conceptions coopératives arriérées des coopérateurs allemands et autrichiens de la tendance Schulze-Delitzsch. Délivrés des entraves d'une doctrine coopérative arriérée et démodée, ils seront en mesure de travailler avec plus de succès encore qu'auparavant, à la diffusion d'un idéal coopératif conforme aux aspirations sociales actuelles.

Et ce ne sont pas seulement les coopérateurs allemands, hongrois et suisses, mais tous ceux des autres pays possédant un mouvement coopératif développé, ainsi : les Anglais, les Français, les Danois, les Belges et les Italiens, qui sont disposés à travailler à cette œuvre aussi belle qu'utile.

Nous sommes persuadé que le prochain Congrès coopératif international qui tiendra très probablement ses assises à Bâle, réunira un nombre de participants au moins aussi grand que les précédents.

Si la direction de l'Alliance coopérative internationale sait s'inspirer des résolutions adoptées au Congrès de Budapest, il lui sera facile de donner à l'Alliance une base plus solide jusqu'au prochain Congrès, de façon à lui faire faire de notables progrès en fait d'organisation et de puissance de propagande.

En second lieu, il est hors de doute que le Congrès de Budapest a donné une vigoureuse impulsion au mouvement coopératif en Hongrie, et dans les pays voisins de l'Orient, en éveillant dans l'esprit de plusieurs milliers d'hommes un vif intérêt pour notre mouvement.

Néanmoins, nous serons plus réservé dans nos appréciations que le Président de notre Alliance, M. W. Wolff, qui a émis l'espoir, dans les *Cooperative News* (N° 45 du 15 octobre), que l'Orient sera coopératisé dans un avenir prochain. Pour nous, nous nous déclarerons satisfait, si le Congrès de Budapest a simplement donné l'occasion aux peuples de l'Europe orientale de faire connaissance avec *l'idée coopérative* dans sa forme mûrie et développée.

Quant à savoir ce qui en résultera pratiquement, il faut attendre de voir pour en juger; tout au moins, en ce qui concerne les pays autres que la Hongrie.

La Hongrie, c'est un fait acquis, s'est ralliée au mouvement coopératif de l'Europe occidentale et marchera dorénavant aux côtés des pays coopérateurs les plus progressistes.

De même que, grâce au Congrès de Budapest, les coopérateurs hongrois ont eu l'occasion de se familiariser avec les principes du mouvement coopératif d'Angleterre, du Danemark, d'Allemagne, de France et de la Suisse, de même aussi, les délégués de ces différents pays ont pu faire la connaissance des chefs du mouvement coopératif hongrois et se rendre compte de ses tendances.

En fin de compte, nous devons nous demander, nous autres coopérateurs suisses, ce que nous avons gagné au Congrès de Budapest. De par la nature même des choses, ce ne peut être que des *impondérables*, mais la preuve qu'il faut savoir y attacher de l'importance, réside dans le fait que le prince Bismarck lui-même, le plus réaliste des politiciens, y attachait un grand prix. N'a-t-il pas dit, en effet, que : « souvent leur influence était plus puissante que celle des armées ou de l'argent », et aussi « que leur action est souvent autrement plus puissante que celle des forces purement matérielles » ?

En tout cas, nous avons la conviction que, par leur participation au Congrès, les délégués suisses ont resserré les liens cordiaux qui unissent déjà l'Union suisse et les organisations étrangères analogues.

Sans craindre de manquer de modestie, nous constatons avec plaisir que notre Union a su se faire, au bout de peu temps, une place honorable dans le concert des puissances coopératives européennes, et exercer par là même une certaine influence dans la confédération coopérative.

Si nous voulons conserver cette place et cette influence, il nous faudra ne jamais manquer à l'appel et prendre part au travail commun.

Cependant la raison de notre participation à l'Alliance coopérative internationale et à ses Congrès réside dans un devoir supérieur. Le mouvement coopératif moderne, en effet, ne contribue pas seulement au progrès économique et social des peuples isolés, mais au *progrès moral de l'humanité toute entière*. Et ce progrès consiste, suivant l'expression excellente d'un philosophe contemporain : « dans l'harmonisation progressive des actions humaines avec les idéals moraux ; dans le perfectionnement de la nature humaine, de l'amour du prochain, de la justice, de l'équité dans les relations mutuelles des hommes et des peuples ».

Si nous voulons faciliter le triomphe de cet avenir *d'entente internationale*, il faut d'abord travailler au rapprochement des peuples sur le terrain coopératif, afin de cultiver les sentiments de sympathie, de solidarité et de communauté d'aspirations. Et, il est hors de doute que le Congrès de Budapest a donné une nouvelle impulsion à ce mouvement puissant et bienfaisant de *fraternité internationale*.

TABLE DES MATIÈRES

Paris. — Imprimerie Nouvelle (association ouvrière), 11, rue Cadet.
A. Mangeot, directeur. — 821-5.

PUBLICATIONS

de l'Union suisse des Sociétés de consommation

(S'adresser au Secrétariat de l'Union, Thiersteinerallee, 14, Bâle)

LA COOPÉRATION

Journal populaire suisse

Organe officiel de l'Union suisse des Socités de consommation

Paraissant tous les quinze jours

ABONNEMENTS : Suisse, **2** fr.. **50** ; Étranger, **3** fr. **80** par an.

**Statuts de l'Union suisse des Socié-
tés de consommation.** . . . .   Gratuit.

**Statuts types pour les Sociétés
suisses de consommation.** . . . .   Gratuit.

**Les Abus dans les Sociétés de con-
sommation.** — Rapport présenté à
l'Assemblée des délégués de l'Union
suisse des Sociétés de consommation à
Lucerne, le 28 juin 1899, par Ch. Gass.
1 feuille volante, 100 exemplaires . . . . .   2 francs.

**Rapports annuels et comptes ren-
dus financiers de l'Union suisse
des Sociétés de consommation
pour 1903.** . . . .   0 fr. 30.

	fr. c.
Guide pour l'organisation et l'administration des Coopérative de consommation, par Clavel et Soria........	2 25
Bulletin de l'Alliance coopérative internationale de juin 1903 (avec statuts types pour Société coopérative anonyme), par Baudé-Bancel et Nast, et Conseils pratiques pour le fonctionnement des coopératives, par Fitsch......................	1 »
Vers la Solidarité par les Sociétés coopératives de consommation, par Joseph Girard (préf. de L. Bourgeois).	5 »
Etude juridique sur les Coopératives de consommation, par Maurice Lecaisne......................	4 »
L'Association coopérative de consommation expliquée, par Navarre......................	» 30
Le But et les Principes des Coopératives de consommation, par A. Pronier......................	» 40
Le Bulletin de l'Union coopérative (depuis l'origine jusqu'en 1902), 2 beaux et forts volumes reliés....	15 »
L'Union coopérative (1903-1904)	4 »
8e, 9e et 10e *Congrès de l'Union coopérative*, chacun....	5 »

Coopération à l'Etranger.

	fr. c.
Les Sociétés coopératives anglaises, par J. Cernesson..	7 »
A travers l'Europe coopérative, par C. Chiousse..:...	3 50
Huit jours chez les coopérateurs anglais, par C. Chiousse.	3 50
Histoire des équitables pionniers de Rochdale, par Mme Vve Godin, née Moret, 1 brochure, 114 pages.	» 60
Les Coopératives hollandaises, par Henry Hayem....	2 »
Etude juridique sur les Sociétés coopératives de consommation en Allemagne, par Alfred Nast............	1 50
La Coopération en Angleterre, par Béatrice Potter-Webb (traduit par Briquet et Jullien)............	3 50

Comptabilité et divers.

	fr. c.
Le Vrai Guide du Vendeur, par Brubach............	1 50
Le Dictionnaire des altérations et falsifications, par Chevallier et Baudrimont, 2 gros volumes avec gravures......................	40 »
Petit Dictionnaire des falsifications, par Dufour......	» 75
Carnet de recensements pour contenance des fûts pleins et en vidange, par Esquilat................	3 15
Monographie comptable et administrative de la Brasserie coopérative, 1 vol. broché, par Richard Guyot.....	6 »
Traité des altérations et des falsifications des substances alimentaires, par Villiers et Colin................	20 »
Le Petit Manuel du Négociant......................	1 25

En outre de ces ouvrages, l'*Union Coopérative* peut procurer aux conditions les plus avantageuses, tous les ouvrages et imprimés qu'on voudra bien lui demander.

Bien préciser le titre et le prix de l'ouvrage, ainsi que le nom de l'auteur et joindre aux commandes leur montant en un mandat-poste au nom de M. le Trésorier-adjoint, de l'*Union Coopérative*.

CONTINUUS LABOR VITA
FIAT LVX
IMPRIMERIE NOUVELLE

9 782019 142766